# ビジネスに活かす
# 占いの知恵

森田繁《はん》昌《じょう》

# 目次

第4章　占いの各論……87

# 序章　はじめに

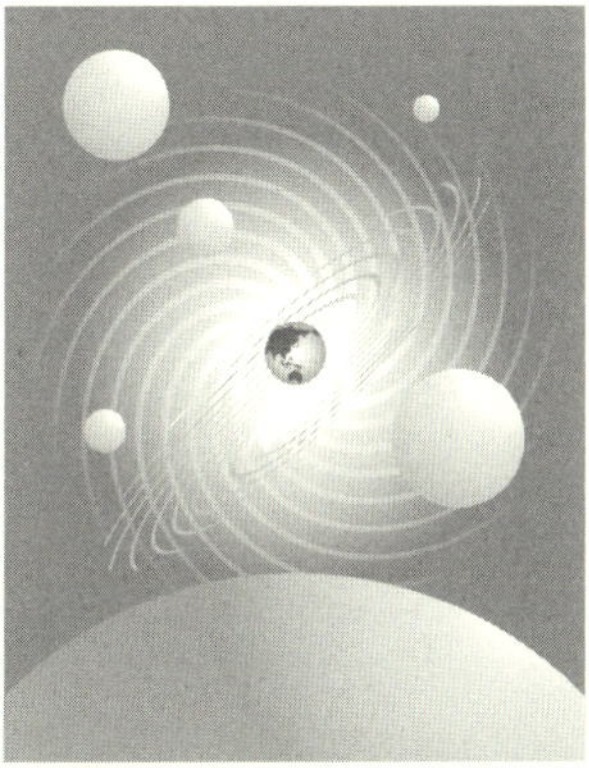

## 1、占いブーム

現在、世の中は占いブームと呼ばれています。繁華街では、あちこちに占いの店を見かけます。そのような店では若いカップルたちが気軽に占い師に相性相談にのってもらったりしています。またテレビのチャンネルをひねれば、人気占い師の出演する番組が高い視聴率を稼いでいます。

占いは人間世界では昔から存在したのですが、どちらかといえば色眼鏡で見られていました。人間の運命が、生年月日や血液型、姓名や手相あるいは易者の筮竹（ぜいちく）などで決まるわけがないというのです。「自分の運命を決めるのは自分自身である」、こんな科学万能の時代に、古臭い占いなど信じられないかもしれません。

しかし、それにもかかわらず占いは人間世界から消えることはありませんでした。それどころか、社会が不安定になると、その度に占いは息を吹き返してはブームと呼ばれるようになっています。

世界に目を向けてみると、社会主義の崩壊で、アメリカとソ連の冷戦こそ終結しましたが、地域紛争やテロは絶えません。また、世界的規模の市場経済が出現し、どこかで起きた経済的できごとが、一瞬のうちに世界のすべての地域に影響を与えるようになりました。また、その世界の覇者はアメリカですが、そのアメリカの価値観がグローバル・スタンダードの名の下に全世界を覆っています。そのような価値観は、一言で言えば「弱肉強食」で、日本のこれまでのどちらかといえば協調を旨とする、みんな平等であることを良しとする価値観とは相容れないものです。いや応なく押し寄せる世界化の波は足元から日本的な価値観を揺るがせています。

このような世界の動きから、日本も影響を受けないわけにはいきません。最近ようやく回復しかけているとはいえ、日本経済は「平成不況」という長い不況に苦しみました。その間は、「失われた10年」などと呼ばれていますが、実際にはもっと長かったような気がします。苦しみの時間は長く感じるものです。

このような時代には、決まって占いが大衆をひきつけます。最近の占いブームにはこのような背景があることも否定できません。

## 2、ある疑問

私は長年、中小企業の経営を支援する仕事をしてきました。

事業を立ち上げる段階から、売上が増え、事業が大きくなり、やがて個人事業から会社組織と成長していく過程をつぶさに見聞きしてきました。なかには不幸にして倒産という事態に立ち至ったケースもあります。

経営者のそばにいて支援しながら、常に考えさせられることがあります。会社には発展する会社もありますし、前述したように倒産や廃業で消滅していく会社もあります。大きく発展することも無いが、倒産することも無い会社もあります。多くの会社はこのような現状維持の会社でしょう。現状維持というと何か否定的な感じがしますが、必ずしもそうではありません。会社は大きい方が良いのか、小さい方が良いのかは、時と場合によります。大量生産型の会社は大きくなることでスケールメリットを享受できます。しかし、多品種少量生産の分野、あるいは現代のような環境変化が激しい時代に、変化に迅速に対応するには小さな会社の方が小回りが利くこともあるのです。

　このように会社の規模に関しては、確たる回答はないのですが、仮に大きく成長する会社を良しと仮定した場合、成長する会社とそうでない会社の差は何でしょうか。

　書店の店頭に並んでいる経営学の本を読むと、それは経営者の能力の差、経営戦略の有無であるとか、商品力や営業力の差であるなどと説明してあります。それらはおそらく正しいのでしょう。また理由は１つだけではないのかもしれません。さまざまな理由が複雑に絡み合って原因となり結果となっているというのが、おそらく真実なのかもしれません。

　この本では、経営における経営者の意思決定、そのシーンにおける占いの効用について書いていきます。視点としてはちょっと変わっているかも知れません。しかし、私としては、その変わった視点から考えてみることにより、いくらかでも私の疑問の一端が解明できればと願っています。

## 3、この本の構成

この本では、まず、経営学における意思決定について述べてみたいと思います。簡単な経営学の理論が出てきます。経営学の理論は何回か出てきます。退屈と思われる向きには飛ばしていただいて結構です。次に、ビジネスの場において、経営学での意思決定とは違う意思決定を選んだ事例として、「大地を守る会」、「ホンダ」の事例を述べてみたいと思います。その際、意思決定が、冷静な分析のみで行われない場合があるということを理解してください。特にぎりぎりの勝負をかけた選択にはそのような場面が多くなります。

次に、いよいよ占いの話です。占いが上記の意思決定と無関係ではないというと、反論される方がいらっしゃるかもしれません。冒頭にも言いましたように、占いというとまだまだ偏見を持つ方がいらっしゃいます。企業の命運を決する意思決定と占いを一緒にするなという声が聞こえそうです。また、自然の成り立ちを、木・火・土・金・水の

5つ（五行といいます～後述）で説明したり、陰・陽の組み合わせ（陰陽論といいます～後述）で説明したりする手法には古臭さを感じるむきもあるかもしれません。

私自身プロの占い師ではありません。ですからそのようなご指摘の趣旨は理解しているつもりです。しかし、昔から人間は何とか未知のことを知ろうと努力してきました。知ることによって少しでも確たるものをつかみ、将来の不安を少なくしようと努力してきました。経営者にしても、変転極まりない経営環境の中で、企業をどの方向に引っ張っていこうかということをいつもさぐっています。将来の未知な分野の意思決定をする、という限り、経営学での冷静な分析も、古臭く見える占いも、手法に違いはありますが同じことだといえます。そこまで言うのは乱暴だとしても将来の予測をする手法の選択肢の中の1つとして占いを考えていただければと思います。

占いの最初の部分では、占いの基礎理論を提供したいと思います。それは中国古来の考え方にもとづいて、何千年もの歴史を持ったものです。

その次には、数多い占いの手法の中から、代表的な占いの手法である、九星気学、周易、姓名判断を説明したいと思います。最近ブームの風水についても、九星気学の応用ともいえますから、九星気学の箇所で触れてみたいと思います。

最後に、ビジネスの事例を8例挙げています。いずれも経営上の問題に直面した企業の事例です。このような問題は私がいつも企業の経営者から相談を受けている内容です。経営学からの見解と、占いからの見解を両方載せていますので読者の方は検討してみてください。私の方からはあえてこのほうが良いという結論は出さないで、読者の判断に委ねたいと思います。

# 第1章
# ビジネスにおける意思決定とは

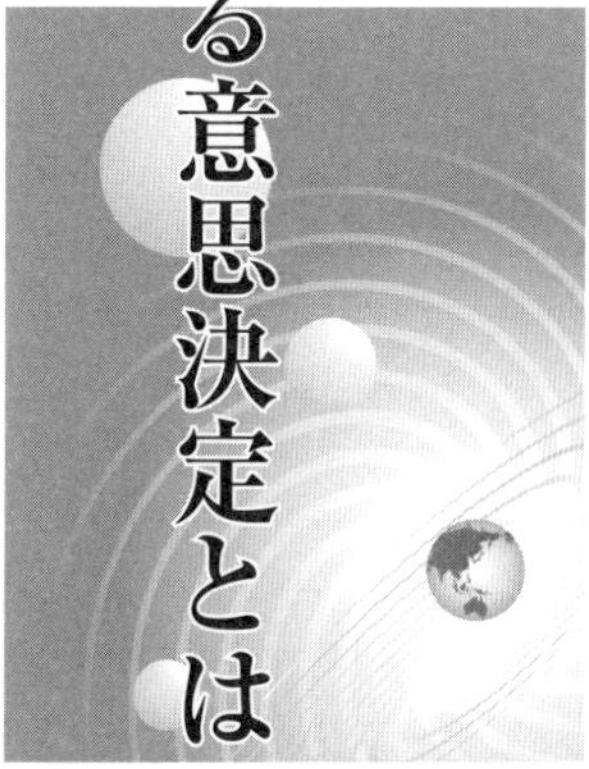

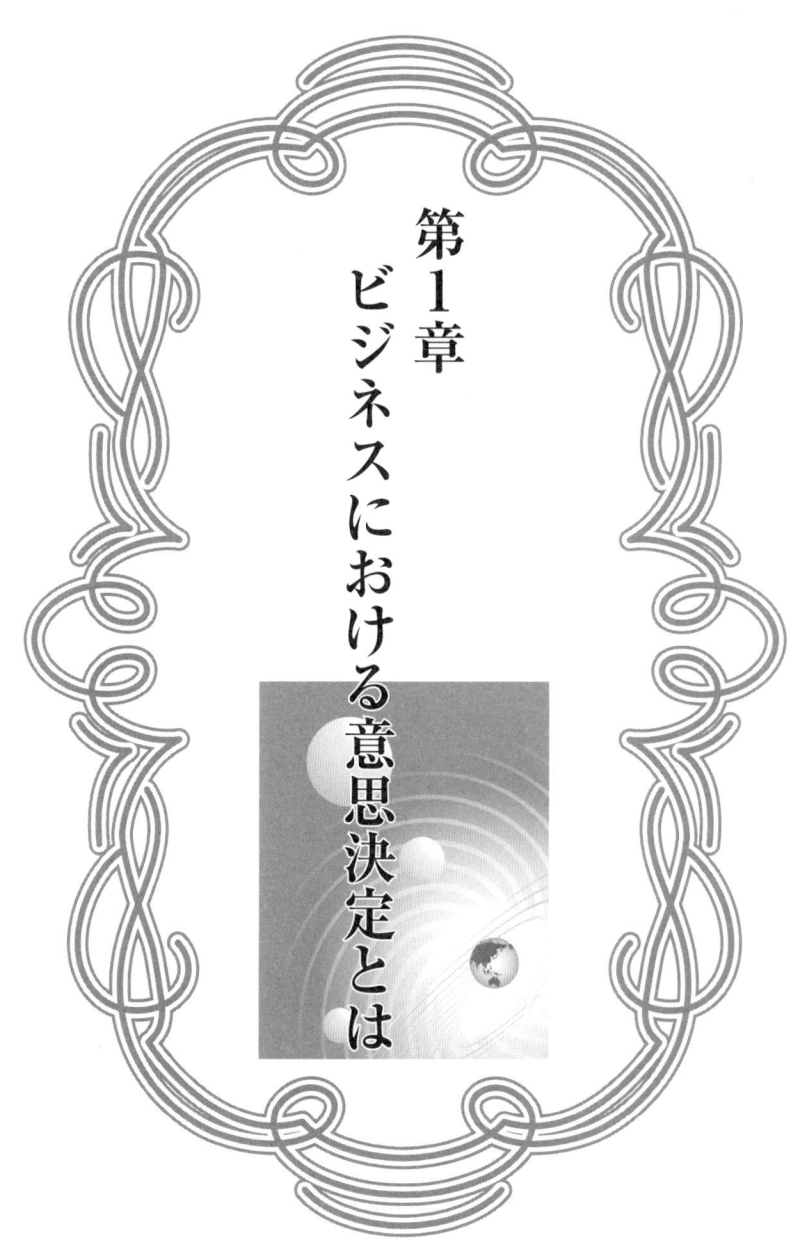

## 1、企業とは

我々の生きている社会には多くの商品やサービスが出回っています。それらの商品やサービスを提供しているのは、多くの場合企業です。では企業とは何でしょうか。

企業を取り巻く環境には、内部環境と外部環境があります。

内部環境とは、企業内部にある、人・物・金・情報等の経営資源です。その中でも一番大事な経営資源は人です。人以外の物・金・情報等の経営資源は人が産み出します。優秀な人材が他の優秀な経営資源を産み出すことが出来るわけです。

外部環境とは、企業外部の企業を取り巻くさまざまな人や団体のことを言います。これらには具体的には、株主・労働者・消費者・取引業者・同業他社・地域社会・政府等々があります。最近では、国際化・グローバリゼーション化の進展から、多国籍企業や外国政府も大きな利害を持ってきています。

企業は、これらの外部環境から、人・物・金・情報等の経営資源を取り込みながら、企業内部の経営資源と組み合わせ、商品やサービスを外部環境に提供しています。

その企業の目的は何でしょうか。それは営利です。もっと売上を上げたい、もっと利益を出したい、その欲求が企業活動の原動力となっています。この営利を目的とするというのが、企業の大きな特徴です。

結局企業とは、内部環境や外部環境の経営資源を組み合わせながら、営利を主たる目的として、商品やサービスの生産と販売の活動を継続的に行う組織体をいい、またその活動を経営といいます。

## 2、経営者

１で述べたように、企業は、内部環境・外部環境とのバランスを保ちながら、経営活動つまり営利追求という企業の目的を実現していきます。その企業にあって中心的役割を担うのが経営者です。

経営者とは、企業の中心にあって、企業の組織の最上階層に位置し、企業を動かしている人のことです。

経営者は、企業の理念や目的・目標等を明確にし、組織を作り、主要人材の適材適所をはかり、絶えず社員のモチベーション（意欲、やる気）をアップさせ、効果的なチェックをしていかなければなりません。また、現代のような企業をめぐる環境変化の激しい時代には、間違いのない戦略を立てて、企業間競争から自分の企業を勝ち残らせなければなりません。

そのためには、強力なリーダーシップを発揮することが要求されます。また優れた洞察力と果敢な決断力がなければなりません。

企業の中でも特に中小企業では、経営者の能力やあり方が、即その企業のいろいろな側面に現れてきます。なぜなら、中小企業経営者の多くは株主でもあり経営者でもある、つまりオーナー経営者で、経営責任を1人で背負い、その企業の重要な意思決定も1人で行うことが多いからです。また、中小企業は組織も小さく、通常労働組合もなく、経営者と社員の意思疎通は直接的で、経営者の意思決定は迅速に実行に移され、その影響も早く現れます。

大企業であれ、中小企業であれ、いずれにしても、企業の盛衰は経営者の両肩にかかっているといっても過言ではありません。

## 3、経営理念

多くの企業には、それぞれ独自の理念（哲学）、目的、目標、方針があります。

自分の会社は、何のために事業を行っているのか、どこへ行こうとしているのか、具体的な目標は何なのか、そのためには何をなすべきなのか、等々、経営者であれば人からこのような質問をされた時きちんと答えられる必要があります。こうした質問に答えられない経営者の率いる会社は羅針盤を失った船のようになってしまいます。

経営理念、経営目的、経営目標、経営方針は普通次のように区分されています。

経営理念は、経営活動のよりどころとなるものです。経営理念は社憲・社是・社訓ともいわれます。会社に行くと社長室に額縁入りでこれが掲げてあるのをよく見ます。「和」、「社会奉仕」、「信用第一」、「誠意」、「努力」とか書かれてあります。このように経営理念の表現は比較的抽象的にならざるを得ません。

経営目的は、経営理念に従って会社がどのようなことを狙っているか、企業が事業を行って達成したい点（ゴール）、上げたい成果を示すものです。

経営目標は、経営目的を一層分かりやすく、具体的・直接的に示したものです。ここで今期の売上目標いくら、利益目標いくらといった数値が決まります。

経営方針は、経営目的・経営目標を実際にどのような考え方や方法で実現していくかを示して、短期的な意思決定の枠組みを与えるものです。

このような区分は、あいまいで分かりにくいものです。要は経営者は、もともとの出発点である経営理念を明確にすることが大事です。経営目的・目標・方針はこの経営理念をより明確化する過程で決まってきます。

## 4、経営戦略

経営理念と並んで重要なのが経営戦略です。現代の企業経営の中心的課題は経営戦略であるともいわれています。

企業をめぐる環境変化が激しく、多くの企業がビジネスチャンスを求めてしのぎを削っている現実では、同業他社との競争に打ち勝つためには、企業の向かう方向を的確に定め、そこに自社の経営資源を集中することが重要になってきます。

戦略とは、もともと軍事用語から来た言葉で、敵を打ち負かすための方法・やり方・作戦を意味していました。これを企業間の競争に当てはめたのが経営戦略です。

国と国との戦争では、勝った国は繁栄し負けた国は衰退します。場合によると、永遠に歴史の舞台から姿を消すことがあります。企業経営も、競争に勝った企業は「勝ち組」として勝利を謳歌しますが、負けた企業は倒産や買収・合併で市場から消えることもあります。そうならないためにも、綿密な経営戦略を練り、競争に勝ち残り、企業経営を継続していかなければなりません。

現代の企業は、経営戦略の良否が企業の命運を決定するといっても過言ではありません。そのため、好むと好まざるとにかかわらず、現代の企業には経営戦略が必要で、また経営戦略を中心に据えた戦略的経営にならざるを得ません。

## 5、意思決定

意思決定とは、いくつかの代替案の中から1つの案を選ぶという選択行為です。

企業の意思決定には、企業全体に及ぶ戦略的意思決定、担当部門の管理に関係する管理的意思決定、一般担当者の業務的意思決定があります。

戦略的意思決定は経営者の役割で、戦略策定や全体管理をします。意思決定のタイプは非定型的かつ非反復的です。意思決定の期間は長期にわたり、決定者の注意の多くは外向きになっています。

管理的意思決定は中間管理者の役割で、大枠のオペレーション管理をします。意思決定のタイプは、非定型的・非反復的であったり定型的・反復的であったりします。意思決定の期間は中期で、決定者の注意は時に外向きで時に内向きであったりします。

業務的意思決定は下級管理者の役割で、個々のオペレーションの遂行・管理をします。意思決定のタイプは定期的・反復的で、意思決定の期間は短期で、決定者の注意は内向きになっています。

意思決定を考えるとき、意思決定の構造が単純系であるか、複雑系であるかの問題があります。このような問題提起は、政治・行政での政策科学（科学的手法により政策を決定する）の分野によく利用されているものです。

単純系であるとは、次のような構造を持つときです。

①　意思決定の参加者が少ない
②　代替案の抽出が限定的で、枠組みが明確である
③　価値観が単一である
④　結果予測が確実である
⑤　問題解決の議論が直線的で解の導出に向かっている
⑥　意思決定の選択基準が、最適化であって満足化で無い

要は意思決定が容易に行える場合を単純系、反対の場合を複雑系とします。単純系である意思決定とは、業務的意思決定が該当します。管理的意思決定は時に単純系であり時に複雑系となります。経営者の戦略的意思決定は典型的な複雑系です。経営者の戦略

的意思決定は、この①から⑥までの構造を持ちません。したがって、次のような構造を持ちます。

① 意思決定の参加者が多い
② 代替案の抽出は無限定的で、枠組みもなく無秩序に展開される
③ 価値観が多様
④ 結果予測が不確実
⑤ 問題解決の議論が反復的でまだ解の導出に向かっていない
⑥ 意思決定の基準が満足化である

経営者の戦略的意思決定に参加者が多いのは、経営者は自己の意思決定に企業内外の多様な意思を反映させなければならず、そういう意味で配慮しなければならない意思の参加者が多くなります。

## 6、経営者の意思決定＝戦略的意思決定

経営者の行う意思決定は、企業全般、特に現代では戦略的な事項に関する意思決定です。5の意思決定の分類によると戦略的意思決定です。企業の人、物、金、情報等をどの分野に集中させるか、つまり会社をどの方向に引っ張っていくかを決めます。

前述したように現代の企業ではこの企業の岐路における選択と集中の決定が、企業の将来の浮沈を決めるといっても良いでしょう。

経営者が意思決定をするに当たって、情報の収集、分析に、経営企画室などのスタッフを十分活用します。最近ではIT機器の利用が進んで、意思決定においても大きな力を発揮するようになっています。ここでは、市場調査、投資決定等経営学の提供するあらゆるツールが使われます。

しかし、意思決定の最終ステップは、経営者が1人で決定を下さなければなりません。最終決定は、経営者ただ1人の権限であり責任です。経営者の責任は重く、1人でその責任を負わなければならない経営者は孤独でもあります。

そのためには経営者は、ふだんからの鋭い洞察力、冷静な判断力、広い視野からのものの見方、情報・知識の蓄積、学習、経験などの修練がなければなりません。意思決定はこれらの凝縮した瞬発力です。

経営者が決断を下すなかで、経営企画室が冷静にまたは客観的に分析して最も優れているとした案でも経営者に選択されないことがあります。それはなぜでしょうか。おそらく、そこには経営者個人の理念、モラル、哲学、宗教などが深くかかわっています。

このように考えると、経営者の意思決定には科学のメスが入りにくい部分があるといえます。科学的な意思決定ということがよく言われ、経営者の意思決定といえどももちろんそれは必要なのですが、それだけでは十分ではなく、科学では説明できない部分がまだまだあるといえます。

# 第2章　意思決定の事例

では経営者の意思決定はどのようなプロセスでなされるのでしょうか。それは冷静かつ客観的になされるのでしょうか。おおかたの意思決定はそのような意思決定かもしれません。しかし、きわめて戦略的な意思決定ではセオリーどおりでないことがよくあります。それは時には合理的意思決定を覆しても選択されます。直感に導かれ、一見賭けのごとくになされるようにさえみえます。

ここで「大地を守る会」と「ホンダ」の事例を分析してみましょう。そうすることで、戦略的意思決定の本質を探ってみることにしましょう。

## Ⅰ、「大地を守る会」の事例

### 1、「大地を守る会」とは

「大地を守る会」は当初「大地を守る市民の会」として、1975年に設立されました。藤田和芳さんを中心に、農薬公害追放と安全な農産物の安定供給をめざして運動をスタートしました。その翌年、1976年に現在の「大地を守る会」（以後守る会と呼びます）に名称変更されています。

初代会長は藤本敏夫さんです。今の若い人はご存じないかもしれませんが、藤本さんは歌手の加藤登紀子さんの夫だった人です。「だった」というのは藤本さんは2002年に亡くなられたからです。

学生運動家で全学連の委員長だった藤本さんと歌手の加藤さんは、藤本さんが獄中にあったまま結ばれました。当時全共闘の闘士と有名歌手との「獄中結婚」として話題を呼びました。獄中にある藤本さんを思いながら加藤さんが歌った「一人寝の子守唄」は名曲として知られています。有名人である藤本さんと加藤さんの存在が、守る会の知名度を上げるのに役立ちました。特に加藤さんは経済的側面から会を支えてきました。

守る会のコンセプトは、「農業の危険性を百万回叫ぶよりも、1本の無農薬の大根を作り、運び、食べることから始めよう」です。農薬・化学肥料漬けの農業ではなく、土づくりに力を入れ自然の力を生かした有機農業を、生産者と消費者が手を携え育んでいくことにより、農業公害を追放していこうと考えたのです。

現在の守る会の構成は次の図のようになっています。（図表2－1）食や環境に関する対外広報やイベントの市民運動を展開する部門と、事業部門に分かれています。事業部門は、守る会の理念に基づいて、事業展開をしています。事業部門の主力の「株式会社大地」（以後、大地と呼びます）は1977年に設立され、流通を担当して、売上133億円（2007年3月期）を上げるまでに成長しています。

事業部門を設けたのは、運動を推進しながら、経済的にも自立をしたい、という願望があったからです。運動と経済が両立するならば、運動面で現実離れした観念的な理論を振り回すこともなく、また逆に事業面でも金儲けに走ることもない、という確信があったからです。そう考えるに至った背景には藤田さんの挫折に終わった自分自身の学生運動への反省がありました。その考えから、大地の株主は生産者である農家と消費者である主婦達で構成されています。

運動性と事業性がうまく機能している稀有な例だといえましょう。

図表2-1
大地を守る会の構成

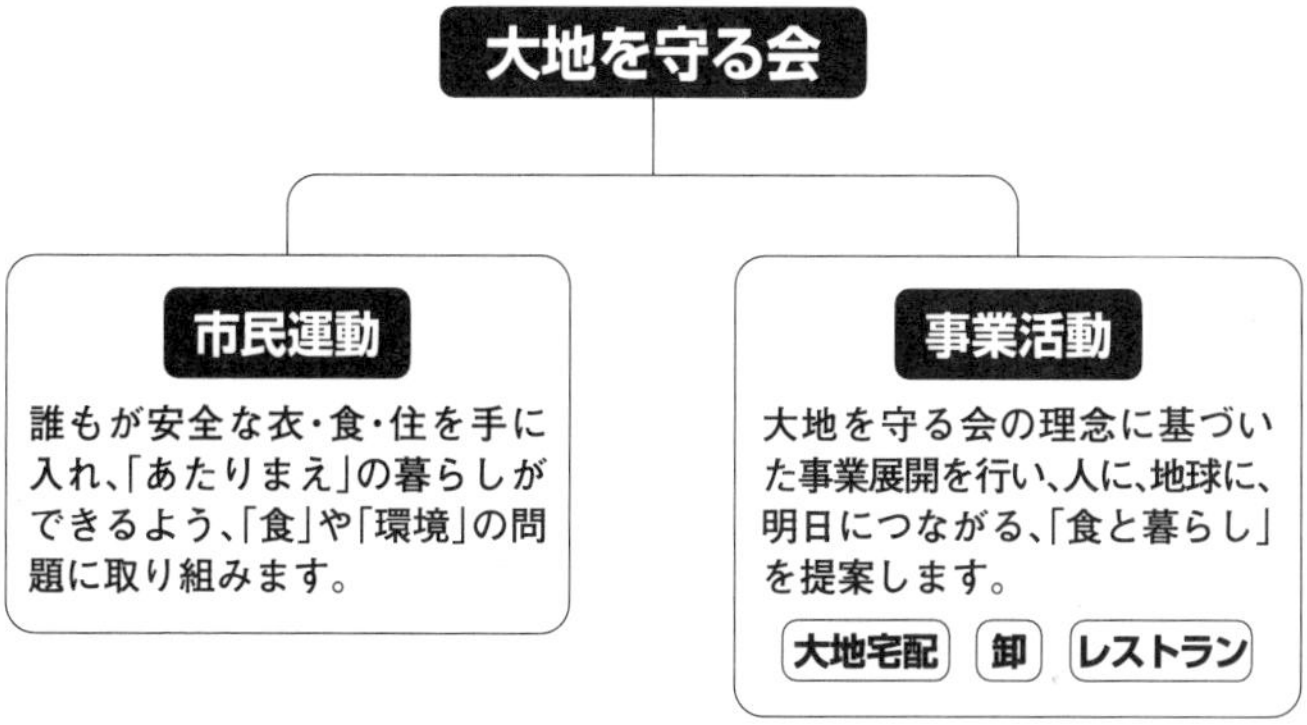
大地を守る会
市民運動
誰もが安全な衣・食・住を手に入れ、「あたりまえ」の暮らしができるよう、「食」や「環境」の問題に取り組みます。
事業活動
大地を守る会の理念に基づいた事業展開を行い、人に、地球に、明日につながる、「食と暮らし」を提案します。
大地宅配
卸
レストラン

大地を守る会のホームページより

## 2、ある事件

一見、順風満帆に推移してきたかに見える守る会と大地ですが、苦い挫折を体験しています。

その事件は、1982年、ある雑誌に掲載された記事が発端でした。「自然や天然がうたってあれば、健康や安全であるというのは大間違い。大地を守る会の無農薬野菜や有機栽培といってもいい加減なものが多い」というのが記事の内容でした。

この事件のややこしさは、その趣旨の発言をしたのが会員であるベテラン農家（仮にXさんとします）で、そのXさんが他の同じ会員である農家を糾弾していたことです。いわば身内が身内を批判したのです。Xさんは研究熱心でした。人一倍の努力によって獲得した自分の農法に誇りを持っていました。当然その農作物は、消費者に人気が高いものでした。それに比べ、糾弾された方の農家の農作物は品質にも問題があり消費者の人気は今ひとつでした。Xさんにしてみれば、自分の苦労や工夫を理解してもらいたいという気持ちから、つい他の農家への批判が出てしまったのかもしれません。

このＸさんの糾弾に一部の消費者会員が同調しました。熱心な消費者会員にとって、Ｘさん以外の農家は努力が足りないと映ったのです。困り果てた大地の担当者はＸさんに他の農家を指導してくれるように頼みました。ところが、Ｘさんはその依頼を拒絶しました。苦労して取得したノウハウを他に流出させたくなかったのです。

その時、大地の取った選択は、Ｘさんとの契約を解除することでした。

その結果、４００人を超える消費者会員がやめていきました。大地の売上は大きく落ち込んでしまいました。設立後数年目で、まだ経営が軌道に乗っていない初期段階だった大地は経営危機に陥りました。

## ３、ＰＰＭ理論

ここで、経営学で用意されている問題解決のためのツールの１つであるＰＰＭ理論を使って、この問題を考えてみましょう。

ＰＰＭ理論のＰＰＭとは、「プロダクト・ポートフォリオ・マネジメント」の略です。ボストン・コンサルティング・グループ（アメリカの大手のコンサルティング会社）のコンサルティングの現場から生まれた理論です。資金の有効配分の問題を、４つの商品のパターンから説明しています。

その図を示すと次のようになります。（図表２－２）横軸はマーケット・シェア（市場占有率）、縦軸は市場成長率を意味します。

４つの商品のパターンは次のように説明されます。

① 金のなる木

マーケット・シェアが高い反面、成長率の低い商品をいいます。シェアの維持に必要な再投資分をはるかに超えた多大の資金の流入をもたらします。

② 花形商品

高成長分野で、マーケット・シェアも高い商品です。資金流入量が多いのですが、成長のための資金需要も多いので、差し引きしてみると資金を創出するかどうかわかりません。しかし、その市場でトップの座を占めている限り、成長が鈍化した時には再投資

図表2-2　　PPM（プロダクト・ポートフォリオ・マネジメント）

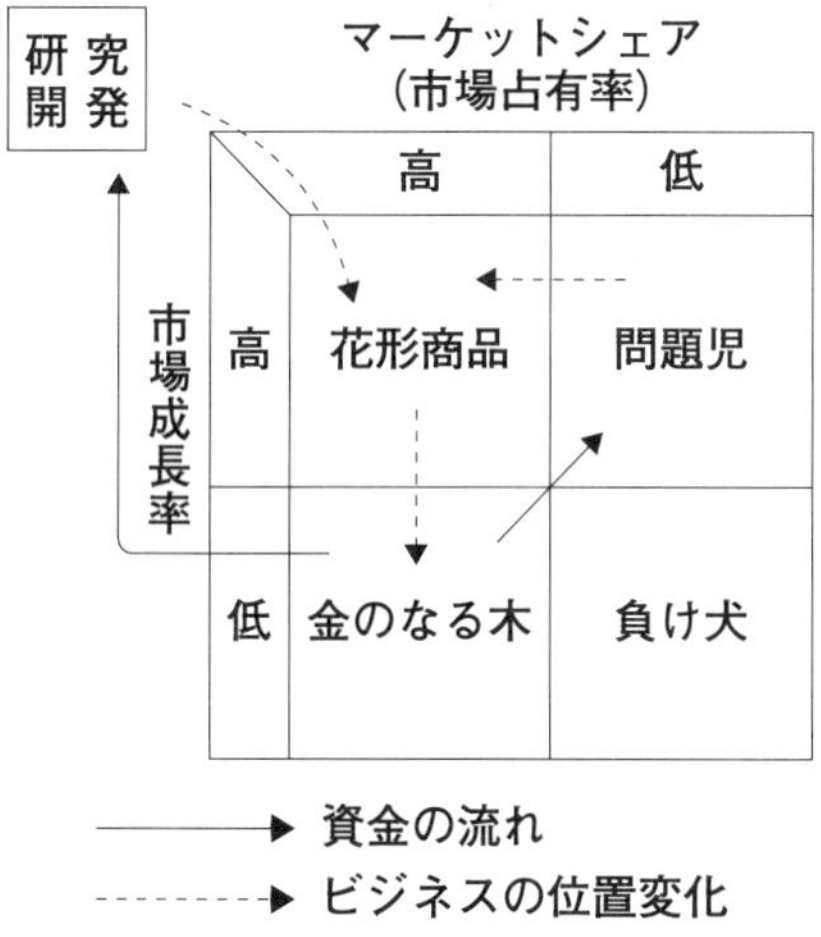


「（再成長への挑戦）ポートフォリオ戦略」より
ジェームス・C・アベクレン＝ボストン　コンサルティング・グループ編著

の必要性が減りますので、金のなる木として大きな資金創出源となります。

③ 負け犬

成長率も低く、マーケット・シェアも低い商品です。資金流入量が少なく、さらに景気変動などによって利益率が左右されやすい特徴を持っています。早晩、市場から撤退せざるを得ない商品です。

④ 問題児

高成長期の商品ではあるが、マーケット・シェアが低い商品です。資金流入額よりはるかの多くの資金流出を必要とする商品です。

この理論によると、企業には、資金を投入して育てる商品が必要であると同時に、その資金の投入のために資金を生み出す商品がなければなりません。具体的には、金のなる木の資金を問題児に投入して花形商品に育て上げるか、または同じ金のなる木の資金を研究開発に投入して直接花形商品を作り出すか、この2つの方法のどちらかを選択する必要があります。

企業の資金は有限です。この限られた資金を有効に配分して、均整の取れた商品の組み合わせ（プロダクト・ポートフォリオ）に成功した企業だけが安定した成長ができます。

このＰＰＭ理論にしたがうと、大地としては、Ｘさんの商品によって資金を生み出しながら、その資金を次代のＸさんを育てるために他の農家に投入する方法がベターであるとの結論になります。

## ４、エリート農家との契約を解除

ＰＰＭ理論にもかかわらず、大地の選択はそれとは逆にＸさんとの契約を解除するものでした。大地はなぜこのような選択をしたのでしょうか。

大地は株式会社ではありますが、守る会の運動理念に基づいて事業展開をしています。守る会の理念は、農薬公害追放と安全な農産物の安定供給を目指すことにあります。

この運動の目的は、一部のエリート農家を育てることにはありません。また、一部のエリート消費者を対象としたものではありません。有機農業が真に日本に根づくためには、生産・流通・消費という社会全体のしくみが変わらなければ実現しません。必要なのは、有機事業の意義を理解したできるだけ多くの生産者・消費者の参加です。一部の有能な人達だけで動いているだけでは、有機農業運動は閉じられた狭い世界から抜け出して前進することはできないでしょう。

採算より理念を優先させる。大地の選択はまさにこのようなものでした。大地は一時的に経営危機におちいりましたが、その後立て直し、現在の規模にまで成長しました。

しかし、読者の中には疑問を呈するむきがあるかもしれません。大地は純粋な企業ではないからこのような選択が出来たのではないか、と。

そこで、次には純粋な企業であるホンダの事例をみてみます。そこではビジョン優先の選択をした例がみてとれるでしょう。

## Ⅱ、ホンダの事例

### 1、国内制覇

浜松の小さな町工場の社長であった本田宗一郎は、長い間自分と手を組める相手を探していました。発明家としてはすでに有名でしたが、それだけでは事業家としては不十分と分かっていたからです。そこに藤澤武夫が現われ、本田が商品開発、藤澤がそれを売るというコンビが誕生しました。本田は商品開発に没頭するあまり、実印さえ藤澤に預けっぱなしだったといいます。

ホンダの最初のヒットは、自転車に補助エンジンをつけた「カブF型」でした。「白いタンクに赤いエンジン」のデザインもフレッシュな大衆向け商品が完成した時、問題はこれをどのようなチャネル（商品がメーカーから消費者に流通するその経路。第５章事例でしばしば出てきます。）で売っていくかでした。オートバイですからオートバイ店が既存のチャネルだったのですが、後発であったホンダはこのチャネルが利用できませんでした。

その時、藤澤は自転車店チャネルを通じて販売するという奇策を打ち出しました。目の前にありながら、誰もこれをチャネルとして見ていなかった、全国で５万軒ある自転車店に目をつけたのです。これが当たりました。前金を取るという強気の商法であったにもかかわらず自転車店からの注文が引きも切りませんでした。それまでホンダが販売していた「バタバタ（ホンダのカブF型以前の補助エンジン付き自転車の愛称）」は自転車店に人気がありました。そのホンダの新商品ですから十分に商売になると踏んだ自転車店の店主の期待感が背景にありました。このカブF型のヒットによりホンダはオートバイを一気に大衆化することが出来ました。

次にホンダは、50ｃｃの名車といわれた「スーパーカブ」を世に出します。カブF型が自転車にエンジンをつけただけの、本質は自転車なのに対し、スーパーカブは50ｃｃではあっても立派なオートバイでした。高性能、超小型、操作が容易、しかも低価格とあって、カブF型どころではない爆発的なヒットとなりました。

これでホンダは日本のオートバイ市場を制することになりました。その間、増資に次ぐ増資、設備投資に次ぐ設備投資で、あまりに性急な事業拡大のため何度も倒産がささやかれたりしました。三重県鈴鹿市の1万1千坪の広大な敷地に最新鋭の工場を建設したのもその頃です。これにより、ホンダは町工場から一気に大量生産型の近代工場へと脱皮することになりました。

ここまできたホンダは次のステップとして、いよいよ海外進出を考えることになりました。

## 2、どこに海外進出するか

海外進出するとして、問題はどこを進出先とするかでした。

「そのためには自ら現地のマーケットを見てみよう」、ということになりました。昭和31年暮れから翌年新春にかけて、川島喜八郎（当時本社営業部長、後の二代目ホンダ社長）が東南アジアとアメリカに出向き市場調査を実施しました。

東南アジアは、庶民の足は自転車でした。それでもオートバイが少しずつ走り始めていて、大衆の交通手段は自転車からオートバイへの移行期にありました。将来的には経済成長とともに需要拡大が見込めそうでした。また、地理的にも近く、輸送コストの面で日本のメーカーはヨーロッパのメーカーに対抗できます。何よりも、ここでならホンダの成功体験が活用できそうでした。

一方アメリカでは、当時でも移動手段は自動車が一般的でした。鉄道網が充実していない広大な国土を移動する手段として、自動車は絶対に欠かせない存在でした。それに対して、オートバイはレースマニアやレジャー愛好家など一部の限られた人達の乗り物でした。しかも、オートバイには、黒い革ジャンパーを着た「ヘルス・エンジェル」と呼ばれる暴走族たちの乗り物といった邪悪なイメージがつきまとっていました。アメリカ社会における評価は非常に低く、大衆商品としては受け入れられてはいませんでした。そのせいで、アメリカのオートバイ市場は、500cc以上の大型オートバイが中心で、年間需要が6万台くらいで日本の10分の1ほどの市場規模でした。

当然市場調査の結果は、「アメリカより東南アジア」が有望というものでした。ところが、ホンダの本田と藤澤は、「東南アジアはダメだ。アメリカしかない」と主張しました。そして、藤澤は川島を呼び出し、「お前アメリカに行け」と強引にアメリカに送ったのです。川島は設立したばかりのアメリカン・ホンダの支配人として赴任していきました。

## ３、ＡＨＰ法

ここでも、大地を守る会の時と同じように、まず、経営学でのツールを使って意思決定をしてみましょう。例えば、次に述べる、ＡＨＰ法やＰＬＣモデルのような方法です。まず、ＡＨＰ法で検討してみます。

ＡＨＰ法とは、階層分析法ともいい、トーマス・Ｌ・サーティ博士によって考案されました。この方法は人間の意思決定を数値で表そうとするものです。会社がある選択をする場合、さまざまな要素を考慮して、その要素に対する一定の評価基準を基にして選択をしています。その要素なり評価基準なりを数値化することが出来れば、人間の感覚によるあいまいな部分を排除した合理的な意思決定が出来ることになります。また、数値化するためにコンピューターとの相性が良いこともＡＨＰ法の特徴の１つです。

まず、ホンダが進出先として、ヨーロッパ、東南アジア、アメリカの中から選択する場合を想定します。評価基準としては、市場の将来性、カントリーリスク、日本での成功体験がどれだけ生かせるかの3つの評価基準があるとします。

① まず、一対比較表を作成します。（図表2－3－1）比較値の意味は（図表2－3－2）のとおりです。

一対比較表の中で、数値が3であるとは、市場の将来性に対してカントリーリスクが3倍（若干）重要であると判断していることを示しています。対角線にある数字は同じ項目の比較ですから1になります。カントリーリスクが市場の将来性に対して3倍重要であるということは、カントリーリスクは市場の将来性に対して3分の1しか重要でないはずですから、対角線に対して対象の位置にある数値は互いに逆数になります。5、7、9は、重要性が3の若干から重要、かなり重要、絶対的に重要、と重要度が増していきます。2、4、6、8は補完的に用いられます。9より大きな数値は使用しません。

② 次に各評価基準の持つウエイトを幾何平均を用いて計算します。まず横の数値を3つ掛けて3乗根をとります。次に各評価基準の幾何平均を合計して、各幾何平均をその合計で割り、得られた数値がウエイトとなります。（図表2－3－3）

AHP法

図表2-3-1　一対比較表

| | 市場の将来性 | カントリーリスク | 成功体験 |
|---|---|---|---|
| 市場の将来性 | 1 | 3 | 5 |
| カントリーリスク | $\frac{1}{3}$ | 1 | 5 |
| 成功体験 | $\frac{1}{5}$ | $\frac{1}{5}$ | 1 |

図表2-3-2　比較値の意味

| 一対比較値 | 意味 |
|---|---|
| 1 | 同じ位重要 |
| 3 | 若干重要 |
| 5 | 重要 |
| 7 | かなり重要 |
| 9 | 絶対的に重要 |
| 2.4.6.8 | 補完的に用いる |
| 逆数 | 重要でない場合 |

図表2-3-3　評価基準のウェイト

| | 市場の将来性 | カントリーリスク | 成功体験 | 幾何平均 | ウエイト |
|---|---|---|---|---|---|
| 市場の将来性 | 1 | 3 | 5 | $3\sqrt{1\times3\times5}=2.47$ | $\frac{2.47}{4}=0.62$ |
| カントリーリスク | $\frac{1}{3}$ | 1 | 5 | $3\sqrt{\frac{1}{3}\times1\times5}=1.19$ | $\frac{1.19}{4}=0.3$ |
| 成功体験 | $\frac{1}{5}$ | $\frac{1}{5}$ | 1 | $3\sqrt{\frac{1}{5}\times\frac{1}{5}\times1}=0.34$ | $\frac{0.34}{4}=0.08$ |
| 計 | | | | 4 | 1 |

③　次に各評価基準ごとに、評価対象、すなわちヨーロッパ、東南アジア、アメリカの比較、ウエイト付けを行います。計算方法は①での計算方法と同じです。（図表２－３－４）

④　②、③で得られた４つの一対比較表をまとめます。（図表２－３－５）最後に各評価基準ごとのウエイトをヨーロッパ、東南アジア、アメリカのウエイトに掛けます。このようにして、東南アジア、ヨーロッパ、アメリカの総合得点が得られます。（図表２－３－６）

結果的に、この方法での総合得点は、１位　東南アジア、２位　欧州、３位　アメリカの順になります。当初の市場調査で、東南アジア案が有望とされましたがそのとおりになったわけです。

## ４、ＰＬＣモデル

次にＰＬＣモデルで検討してみます。

## 図表2-3-4　評価対象のウェイト～市場の将来性

| | ヨーロッパ | 東南アジア | アメリカ | 幾何平均 | ウエイト |
|---|---|---|---|---|---|
| ヨーロッパ | 1 | 2 | 3 | $\sqrt[3]{1\times2\times3}=1.82$ | $\frac{1.82}{3.37}=0.54$ |
| 東南アジア | $\frac{1}{2}$ | 1 | 2 | $\sqrt[3]{\frac{1}{2}\times1\times2}=1$ | $\frac{1}{3.37}=0.3$ |
| アメリカ | $\frac{1}{3}$ | $\frac{1}{2}$ | 1 | $\sqrt[3]{\frac{1}{3}\times\frac{1}{2}\times1}=0.55$ | $\frac{0.55}{3.37}=0.16$ |
| 計 | | | | 3.37 | 1 |

## 評価対象のウェイト～カントリーリスク

| | ヨーロッパ | 東南アジア | アメリカ | 幾何平均 | ウエイト |
|---|---|---|---|---|---|
| ヨーロッパ | 1 | $\frac{1}{5}$ | $\frac{1}{2}$ | $\sqrt[3]{1\times\frac{1}{5}\times\frac{1}{2}}=0.46$ | $\frac{0.46}{4.39}=0.10$ |
| 東南アジア | 5 | 1 | 7 | $\sqrt[3]{5\times1\times7}=3.27$ | $\frac{3.27}{4.34}=0.75$ |
| アメリカ | 2 | $\frac{1}{7}$ | 1 | $\sqrt[3]{2\times\frac{1}{7}\times1}=0.66$ | $\frac{0.66}{4.39}=0.15$ |
| 計 | | | | 4.39 | 1 |

## 評価対象のウェイト～成長体験

| | ヨーロッパ | 東南アジア | アメリカ | 幾何平均 | ウエイト |
|---|---|---|---|---|---|
| ヨーロッパ | 1 | 1／2 | 1／2 | $\sqrt[3]{1\times\frac{1}{2}\times\frac{1}{2}}=0.63$ | $\frac{0.63}{3.15}=0.20$ |
| 東南アジア | 2 | 1 | 1 | $\sqrt[3]{2\times1\times1}=1.26$ | $\frac{1.26}{3.15}=0.40$ |
| アメリカ | 2 | 1 | 1 | $\sqrt[3]{2\times1\times1}=1.26$ | $\frac{1.26}{3.15}=0.40$ |
| 計 | | | | 3.15 | 1 |

## 図表2-3-5　まとめ

| | 市場の将来性 0.62 | カントリーリスク 0.30 | 成功体験 0.08 |
|---|---|---|---|
| ヨーロッパ | 0.54 | 0.10 | 0.2 |
| 東南アジア | 0.3 | 0.75 | 0.4 |
| アメリカ | 0.16 | 0.15 | 0.4 |

## 図表2-3-6　総合得点

| | 市場の将来性 | カントリーリスク | 成功体験 | 計 |
|---|---|---|---|---|
| ヨーロッパ | 0.33 | 0.03 | 0.02 | 0.38 |
| 東南アジア | 0.19 | 0.22 | 0.03 | 0.44 ← 一番高い |
| アメリカ | 0.1 | 0.05 | 0.03 | 0.18 |

ＰＬＣモデルとは、商品が世に出てから、投入期、成長期、成熟期を経て、やがて衰退期を迎えて市場から消え去るまでの過程を述べたもので、プロダクト・ライフ・サイクル（商品の寿命）とも呼ばれています。通常は１つの商品のライフサイクルを説明するのに用いられますが、関連する商品群のライフサイクルをも説明できます。

このモデルを交通手段に適用すると、一般的に世の中の交通手段は、自転車→二輪車→四輪車と変遷していきます。（図表２－４）

ホンダは、自転車補助型、カブＦ型号、スーパーカブ号を提供することで、日本の庶民の足を自転車から二輪車の世界へ移行させました。

前述したように、当時の世界の交通手段の事情を見てみると、東南アジアは、庶民の足は自転車でした。そこに安く高性能の二輪車が導入されると、日本と同じように一気に二輪車が普及することが予想されました。アメリカは、すでに四輪車の国で、一家に１台以上普及しており、広大な国土を移動するためセカンドカー・ニーズも出ていました。

このモデルによると、東南アジアにはこれからオートバイが普及するのは確実ですか

図表2-4　モーター・サイクルのPLC(プロダクト・ライフ・サイクル)

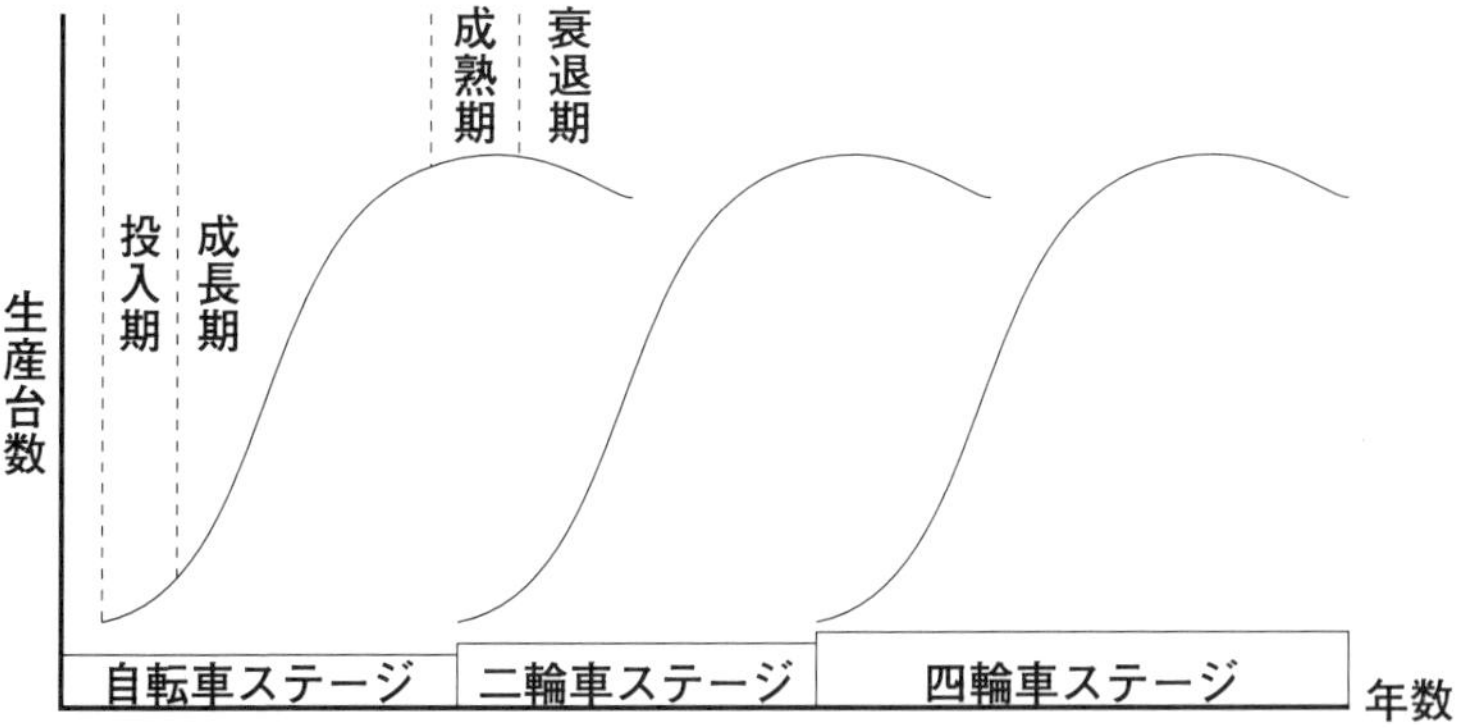


自転車が衰退期に入る前に、二輪車が成長・成熟期を迎えるよう、計画的に商品開発・二輪車市場への投入をおこなう。

ら、潜在的な二輪車需要があるといえます。それに対してアメリカでは、二輪車は広い国であるアメリカに不向きであるうえ、「ヘルス・エンジェル」のせいで国民の評価も低く、果たして需要があるかどうかさえわかりませんでした。ＰＬＣモデルからいっても、需要が四輪車から二輪車に逆行するのはおかしな話でした。総合的に考えて、東南アジアはもっとも成長の見込めるかつリスク回避の出来る候補地でしたし、明らかに次の進出地は東南アジアであるはずでした。

しかし、それにもかかわらず、ホンダの決定はこれとは逆のものでした。ＡＨＰ法でもＰＬＣモデルでも、アメリカでなく東南アジアが有利という結果が出たにもかかわらず、どうしてホンダはアメリカを選んだのでしょう。

## 5、世界戦略への第一歩

昭和31年1月、ホンダ社報23号に、本田による社是が掲載されています。

「わが社は世界的視野に立ち、顧客の要請に応えて、性能の優れた廉価な商品を提供

する……」（図表2－5）

**図表2-5**

社　是

わが社は世界的視野に立ち、顧客の要請に応えて、性能の優れた、廉価な製品を生産する。

わが社の発展を期することは、ひとり従業員と株主の幸福に寄与するに止まらない。

良い商品を提供することによって顧客に喜ばれ、関係諸会社の興隆に資し、さらに日本工業の技術水準を高め、もって社会に貢献することこそ、わが社存続の目的である。

株式会社ホンダのホームページより

またかねがね藤澤は、次のような持論を持っていました。

「資本主義の牙城、世界経済の中心であるアメリカで商売が成功すれば、これは世界に広がる。逆にアメリカでヒットしないような商品では、世界に通用するような国際商品にはなり得ない」

「アメリカでチャレンジすることは、我々にとって一番難しいことかもしれない。しかし、これは輸出拡大に向けての一番大事なステップである」

明らかにホンダの戦略は世界戦略でした。進出に当たっての成功やリスクの確率も大事でしたが、ホンダにとって何よりも重要だったことは世界戦略のためにはアメリカ、東南アジア市場のどちらに戦略的な意味があるかでした。

東南アジアから始めれば、たしかに高い確率で成功するかもしれません。しかし、東南アジアの生活レベルや政治状況等を考えると、日本での成功ほど成功するにはそれなりの時間がかかってしまうことが予想されます。事実、ＮＩＥＳをはじめとする東南アジアが経済成長をしはじめたのはそれから何十年以上も経過してからでした。ここが一番重要で、時間がかかってしまえば、ホンダのオートバイが世界に通用する商品として認められるのはそれだけ先に延びてしまいます。勝負は早くついた方が良いのです。その意味では、アメリカは何といっても世界の中心であり、そこで成功すれば世界市場を相手のビジネスが考えられます。世界戦略という視点に立つと、短期決戦で勝負がつけられるアメリカしか考えられません。そこで、あえて高いリスクを選択したわけです。

このホンダのアメリカ市場選択の決定は、その後のホンダを決定づけたものでした。ホンダのもくろみは見事に当たり、その後の世界企業への第一歩を踏み出しました。もし、この時ホンダがこの選択をしなかったとしたら、今日のホンダは無かったかもしれません。

まさにホンダの将来を決める分岐点でした。

## ６、理念やビジョン先行の意思決定

もし、戦略的意思決定が、分析のみでできるなら、経営学にはそのための多くのツールが用意されています。多くの企業の経営企画室などでは、日夜このツールを使って意思決定を行っています。しかし、守る会やホンダの意思決定は、これら経営企画室で決定されたものとは逆の意思決定でした。

このことは我々に何を教えているでしょうか。そこに我々は理念やビジョン先行型の意思決定をみることが出来ます。このタイプの意思決定では、まず企業のあるべき姿、あるいはビジョンがあって、そこから企業の意思決定が下されるのです。

守る会の場合、有機農業の普及という理念があり、現段階での有機農業の普及のためには、1軒でも有機農業農家を増やす必要がある、それらの農家の意識や技術の底上げを図る必要がありました。そのため、一部のエリート農家との契約を破棄するという決定をしたのです。

ホンダの場合、「世界のホンダ」というビジョンがあり、そこに到達するためには、「何をなすべきか」が重要でした。それはアメリカ進出でした。しかし、市場調査やさまざまな分析は、それはリスクが高くやめた方が良いと示していました。それがわかっていてそれに果敢に挑戦するかどうかはその企業の経営者の決断です。若い伸び盛りの勢いのあるホンダはあえてその困難を自らに課したのです。

「何ができるか」、「何をなすべきか」のその前提になる何が決まれば、それからの答えは経営企画室などでの分析的な意思決定から導き出せます。しかし「何」という問いに対する答えは、確たる価値基準がなければ導き出されません。こうした価値基準とは、企業の、とくに経営者の持つ理念、信念、ビジョンといったものです。それは１＋１＝２、のような合理的な決定ではないかもしれません。時には、１＋１を10や１００にするためにはどうすれば良いかという極めて主観的な意思決定でもあり得ます。そこには不変の真理というようなものは無く、「あれも良いし、これも良い、しかしどちらも選択しない」とか、「あれも悪いがこれも悪い、しかし悪くても選択しなければならない」とかいった分野です。そこには多様な価値判断が入り込んできて、高い不確実性が内在していて極めてとらえがたいものです。

こうした理念やビジョンに主導された戦略的意思決定、守る会やホンダのケースはまさにこれに当てはまる意思決定だったのです。

## 7、理念と経営計画の関係

経営目的や目標、方針は、企業では経営計画という形で具体化されます。経営計画では、経営目的や目標、方針を、目に見える形で社員に示します。そこでは、目標とする売上や利益を明確な金額としてあらわし、何時までにそれを達成するのか、それを部や課にどう振り分けるのか、等が詳細に決められます。部や課、社員はこの経営計画を見ながら、日々の自分の行動や目標の達成度などをコントロールしていきます。

経営計画には、期間のスパンによって長期経営計画、中期経営計画、短期経営計画があります。普通、長期は10年、中期は5年から3年、短期は1年ですが、現在では長期経営計画が少なくなっています。環境変化のスピードが早く、変化の方向の予測の立てにくい現代では、10年後の経営計画など、現実的ではなくなっているからです。

経営計画では、それが社員に支持されるためには、目標が達成可能な目標である、目標達成後の企業イメージが具体的に湧いてくる、等である必要があります。またその計画は会社の経営理念に沿ったものでなければなりません。

理念と経営計画の関係については、次のように言えます。

経営計画のない経営理念は絵に描いた餅です。そのような経営理念は、いくら社長室で額に入れて麗々しく飾ってあっても役に立ちません。中小企業で経営計画のない会社をよく見かけます。それでは成り行き経営になってしまいます。そのような会社では、いくら社長が理念を声高に叫んでも、社員の耳を素通りするだけです。中小企業でもぜひ経営計画は立てる必要があります。

と言って、経営計画はあってもそれが経営理念に導かれていなければ、うまく機能しません。経営理念が社員に共感をもって共有され、計画の細部にまで息づいている経営計画であってこそ、その経営計画は生きたものとなるでしょう。

いわば、経営理念は経営計画に命を吹き込むものといえましょう。命だけでは、人間は赤子と同然です。経営計画だけではロボットに命令するようなものです。「経営計画という言語で書かれた経営理念」、それが真の経営理念であり経営計画です。

## 8、意識構造

人間の意識構造についての学問は深層心理学と呼ばれています。その先駆的存在に、ジークムント、フロイト、ユング等がいます。この人達の分析をみてみましょう。

フロイトによれば、人間の意識は、意識、無意識からなるとしています。さらに無意識は、何らかのきっかけがあれば意識化できる前意識と、まったく意識化できない無意識に分かれるとされます。

ユングによれば、フロイトの無意識を個人的無意識とし、そのさらに奥に集合的無意識があるとしています。集合的無意識とは、生まれた時から備わっている全人類共通の心で、そこには全人類の歩んできた歴史・観念・知恵・共通の思いが含まれます。したがって、これを普遍的無意識と呼ぶことがあります。この集合的無意識はさらに分類して、集合的無意識と超意識（宇宙意識）に分類されます。

ユングによる意識構造をまとめると次のようになります。

①　意識―個人の意識です。
②　個人的無意識―個人の無意識です。
③　集合的無意識（普遍的無意識）―個人の無意識の底にある民族に共通する意識です。
④　超意識（宇宙意識）―各民族の無意識の底にある宇宙の意識です。民族を超えた人類、あるいは人類が宇宙と交感することによって生ずる意識です。

また、仏教の一派である密教では意識の構造を次のように説明しています。

①　五（眼・耳・鼻・舌・身）識―対象を感覚的に知覚する意識のことです。
②　意識―五官からの情報を表層的に識別する意識のことです。
③　自我識―末那識（マナ識）とも言います。蔵識を通じて送られる対象事物の認識情報を再度イメージして意思行為を決定する意識のことです。
④　蔵識―阿頼耶識（アラヤ識）とも言います。あらゆる対象を分別して識別するための固有名詞の貯蔵庫のことです。
⑤　無垢識―阿摩羅識（アマラ識）とも言います。言語・意味文節より以前の原初的深層意識のことをいいます。

それぞれの立場から、意識構造を説明していますが、ユングにおける超意識（宇宙意識）が、個人を超えた民族、あるいは民族を超えた人類、その人類が対峙する宇宙にまで言及していることが注目されます。

## 9、非合理的意思決定

ここで意識構造と意思決定の関係について考えてみたいと思います。ユングの意識、密教で言うところの五識から蔵識までは人間は合理的な意思決定をおこなうことができます。経営企画室で見るような、分析的意思決定です。ユングの個人的無意識から超意識（宇宙意識）まで、また仏教で言うところの無垢識では、人間の意思決定はしばしば合理的ではなく非合理的になります。時には守る会やホンダのように合理的意思決定を覆すことがあります。

非合理的意思決定の世界ではしばしば、常識や科学を超えた認識作用が重要な影響を与えます。直感とかひらめきとか呼ばれるものです。優れたリーダーが、後世天才的と評価されるような意思決定をしたときには、このようなひらめきや直感に導かれた意思決定であることがよくあります。

ではこのような感覚はどのようにすれば身に付くのでしょうか。

そのためにはそれにふさわしい生活を送る必要があります。どのような生活かというと、モラルを守り、健全な宗教心を持った生活です。また、自分自身が曇りや邪心のない純粋な心を持つことが必要です。

そういう生活を送ってこそ、直感やひらめきはその人に訪れます。そしてその人は研ぎ澄まされた勘やインスピレーションに導かれた意思決定が可能になります。それは自己を越えた世界の意思にかなった、すなわち天命に沿った意思決定です。またそれは自分の狭い自我の殻を破った意思決定でもあります。経営者がよく、座禅や断食・滝行を行うのは、少しでも自分を純粋にし、天の声を聞きたいとの願いがあるからです。

## 10、絶えない企業不祥事

企業不祥事がマスコミを賑わせています。最近もライブドアや村上ファンドの問題等々不祥事が相次いでいます。なぜこのような不祥事が絶えないのでしょうか。

その理由の1つとして、自由主義経済では、企業が利益を追求することは容認されている、ところにあります。利益を多く上げた企業が結局「勝ち組」ですから、企業は利益追求のためには何をしても良い、となりがちです。経営戦略にしても、企業が競争相手に勝つための方法論です。経営戦略は、いかに相手の弱点を攻めるか、いかに相手の隙を付くか、の話ばかりです。とにかく競争に負けてはいけないわけで、目先の勝利のためには時として手段が選ばれないこともあります。

法や倫理を忘れて利益追求に狂奔する企業は、長い目で見ると結局市場から淘汰されるのですが、その現場にいるとなかなか自分のやっていることの本質を見極めることが出来ません。危険の一歩手前で踏み止まることはなかなか困難なのです。

企業人はどのようにしてこの誘惑から自分を守ればよいのでしょうか。最近は、その危険を自覚して、コンプライアンス委員会などを設けている会社もあります。それも一方法ではあります。しかし、真に必要なのは企業人が何らかの精神的支柱になるものを持つことです。それは今までの論の進め方からすると経営理念やビジョンということになります。しかし経営理念といいビジョンといっても、それなりの深度がなければなりません。

京セラの稲盛和夫氏が、通信事業への民間参入をもくろんで、ＮＴＴに対抗して第二電電（ＤＤＩ）を立ち上げた際、それには今まで何のモデルもありませんでした。同時に発足した日本テレコムや日本高速通信は、鉄道通信、高速道路通信という巨大なインフラを最初から持ち合わせていました。そうした強力なライバルとの競争、さらに巨額の資金調達の苦労、許認可権をにぎる官僚とのやり取りなどの中、稲盛氏は常に次の問いを自分に発していました。

「動機善なりや。私心なかりしか」。

稲盛氏は、この有名な問いを、まず自分自身に問いかけていましたが、それだけではなく自分を超えた目に見えないものに対しても問うていました。それは神や天命への問いかけといってもよいものでした。また、自分が生きている時代や社会に対する問いかけでもありました。そのような問いかけを通して、「電気通信のコストを安くして、一般大衆の人々に喜んでもらう」という理念を確立していったのでした。

企業人である以上、利益追求はやむを得ないでしょう。しかし、その一方で自分の事業の社会的使命を自覚し、暴利をむさぼることなく、適正利潤以上の利潤は社会に還元する位の謙虚さをもって経営を行う必要があります。経営理念も、このような経営者の姿勢を反映するものでなければなりません。

経営理念といえども、時代や社会、あるいはモラル・宗教・天命に対しても恥じないものでなければ本物とはいえません。

## 11、合理的な判断だけでは解決のつかない悩み

「こんな科学万能の時代に天命など信じない。自分の運命は自分で作る」という考え方があります。現代人に多い考え方です。これらの考え方を否定するものではありませ

んが、人の悩みというものは簡単に無くなるものではありません。いつの時代でも合理的な判断だけでは解決のつかない悩みというものはあるものです。

下位の意思決定である管理的意思決定や業務的意思決定には、すでに動かすことの出来ない前提があります。下位の意思決定は上位の意思決定に沿った意思決定である必要があるからです。工場での現場監督や下請企業の場合がそうでしょう。彼等の意思決定の範囲はその分だけ狭くなります。

しかし、戦略的意思決定の多くは、摸倣する事例も少なく、その事例さえないことがあります。政治家や経営者の意思決定の多くはそうです。また、戦国武将やプロスポーツの監督の場合にも当てはまるでしょう。

勝負、それも食うか食われるかの勝負に臨む者は、十分な準備もし、全力を尽くして戦うのですが、時として勝負は思わぬ方向に行くことがあります。予想もしなかった困難が現れたり、味方に裏切られたり、その逆に思わぬ人からの援助の手が差し伸べられたりします。その都度勝負は人知を超えたものによって支配されていることもあると実感せざるを得ません。そのような勝負を何度も経験した人ほど、その思いを強くしていきます。

結局、指導者は、合理的意思決定に立脚しながら、それと同時にモラル・宗教から直感やひらめきをも得、経営理念に沿った意思決定をすることが重要です。

合理的な判断を下し、その上でその先の未知の領域、つまり天命を知ろうとする時、昔から人間はいろいろなツールを用意していました。宗教やモラル、この書で言うところの占いもその1つです。

占いは、天命を知ろうとして人間が考え出したツールの1つです。現代人からするとひどく旧式なスタイルに見えるでしょう。しかし、神と人の交流が直接的であった古代に生まれたものですから、天命を知ろうとする現代人にも多くの示唆を与えてくれると思います。長い歴史の中で確立された複雑な手法を用いて結論に辿り着くものですから、怪しげな予言や霊感とは別のものです。

未知の分野を完全に予測することは不可能です。しかし、人間は可能な限り未来を予測しようとします。未来を予測しようという時、占いは1つのヒントを与えてくれるでしょう。実は未来の予測という点からは、占いの右に出るものはないのです。宗教や倫理は善因善縁善果を説いても、未来の予測はしません。

決断に迷う時、これまでの長い歴史の中で人々が蓄積してきた周易や九星気学の知恵を活用するのは、プラスになるに違いありません。大きな責任を負い、ぎりぎりの決断を迫られる人にとって、占いは大きな意思決定のツールになります。指導的立場にある人で、占いに頼る人は多いのです。

なかでも、この本の読者、厳しい環境変化と企業間競争にさらされ、失敗や倒産のリスクを背負いながら事業を営む企業の経営者にとって、占いは大きな意思決定支援のツールになることでしょう。

# 第3章　占いの基礎理論

## 1、占いの種類

占いとは、一定の手法を駆使して得られたシンボルを読み取って、さまざまな人間や人生に関する問題を推察することを言います。このシンボルは、読み取る人にとって、神や霊であったり、アカシックレコード（宇宙に存在するという全宇宙の過去から未来までのすべてのことが書かれている記録）であったり、集合意識（宇宙に存在するという意識のネットワーク。この意識と同調することによりアカシックレコードが読めるとされる）であったりするとされます。

占いは大きく分けて、命、卜、相があります。それぞれの占いを簡単に説明すると次のようになります。

①命（めい）

生年月日をもとに宿命や運命を占います。これには九星気学、四柱推命等がありま す。その生年月日の大地にあふれているエネルギーである気を陰陽五行の生剋比論

（五行間の相生・相剋・比和のこと。後述）から推し量る占いです。

②卜（ぼく）

ことの推移や内情を、筮竹で占筮することにより得た卦から読み取り占います。中国にもっとも古くからある占いで、四書五経の1つである「易経」という書物に内容がまとめられています。その歴史や深遠な哲学・思想から他の多くの占いに大きな影響を与えています。これには周易、五行易等があります。

③相（そう）

この世にあるものにはすべて相があらわれています。相とはシンボルのことです。表面にあらわれたシンボルを直接占うものですから、命や卜に比較すると極めて具体的な占いです。これには手相、人相、家相、姓名判断等があります。これらの占いは昔からもっとも親しまれている占いです。

ここでは、各占いに入る前に占いの基礎理論を説明します。そのうえで、命の中から九星気学と、卜の中から周易、相の中から姓名判断を説明します。紙面の関係で、省いであるものも多くありますから、詳しくお知りになりたい方は、それぞれの分野の専門書をお読み下さい。最近ブームの風水は、九星気学の応用でもあり、家相の占いということもでき、命に含めたり相に含めたりしますが、ここでは命に含めて九星気学の次に説明しておきます。

## 2、陰陽論（おんようろん）

世の中の事象は、相対するものによって存在しています。この相対するものを、陰と陽に分類する考え方が陰陽論です。

陽は、積極的・動的・外面的なものを指し、一方陰は、消極的・静的・内面的なものを言います。

事象を陰と陽に分類する基準は、同一の基準である必要があります。人間という基準で、男と女に分けます。宇宙という基準で、天と地に分けます。1日という基準で、昼と夜に分けます。

陰と陽は絶対的なものではなく、相対的なものです。従って、その基準が変われば、陰と陽は逆になることもあります。通常、男性が陽で女性が陰とされています。職場を主に考えればそうかもしれません。しかし、家庭を主に考えると逆に女性が陽となり、男性が陰となります。現代のように、女性が働くことが当たり前になった時代には、さらにその基準も複雑になってきます。

陰と陽の分類は、大きくも分類でき、小さくも分類できます。最も小さく細分化された陰陽が、次々と合体して大きな陰陽の組み合わせにもなれば、最も大きな陰陽が、次々と分解して小さな陰陽にもなります。

現象は、陰・陽・陰・陽の如く、陰と陽が交互になることにより、その現象が保たれます。現象が成立するためには必ず陰陽が交互に並んでいます。

## ３、五行説

大昔、天文観測で確認できた惑星は、木星・火星・土星・金星・水星の５惑星だけでした。太陽と月を除いて、独自の運行をする星はこの5惑星だけであると思われました。

この5という数字を、天体だけでなく地上の諸現象に当てはめて、万物を分類する基本にしました。この万物を5つに分類する考え方を五行（ごぎょう）説といいます。

五行説は、さらに展開されます。五行が万物の分類であるなら、当然地上に生を受けている人間も、五行を備えて成立しているはずです。

この考えは、宇宙と人間の接点を見出すことになりました。宇宙の中に人間があり人間の中に宇宙があります。人間も宇宙の一部であり宇宙の縮図でもあります。宇宙（天）も万物の乗っている地球（地）も人間（人）もともに同一の分類、つまり五行から成り立っています。天地人はともに五行に支配されます。

この五行は、木（もく）・火（か）・土（ど）・金（きん）・水（すい）と呼ばれます。それぞれの五行は、木性・火性・土性・金性・水性の性質を持つとされます。五行には、その他方向や色彩等のさまざまな性質が含まれています。

## 4、十干

五行は、それぞれが陰陽の気を備えています。陰陽の気をそなえた五行を、十干（じっかん）と呼びます。この陰陽論を導入することにより五行は十干となります。

十干、つまり陽の五行と陰の五行それぞれに簡略符号をつけました。

その簡略符号とは、陽の五行をそれぞれ甲（こう）・丙（へい）・戊（ぼ）・庚（こう）・壬（じん）とし、陰の五行をそれぞれ乙（おつ）・丁（てい）・己（き）・辛（しん）・癸（き）とするものです。十干の並び方は、陰陽の順に並びますので、甲・乙・丙・丁・戊・己・庚・申・壬・癸です。

また十干は、簡略符号と本来の五行の呼び名を組み合わせて、甲は甲木（こうぼく）、乙は乙木（おつぼく）、丙は丙火（へいか）、丁は丁火（ていか）、戊は戊土（ぼど）、己は己土（きど）、庚は庚金（こうきん）、辛は辛金（しんきん）、壬は壬水（じんすい）、癸は癸水（きすい）とも呼ばれます。

他の呼び名として、陰陽を兄弟に例え、兄を陽とし弟を陰とし、甲は木性の兄「きのえ」、乙は木性の弟「きのと」と呼び、以下、丙を「ひのえ」、丁を「ひのと」、戊を「つちのえ」、己を「つちのと」、庚を「かのえ」、辛を「かのと」、壬を「みずのえ」、癸を「みずのと」と呼ぶこともあります。

## 5、十二支〜1

当時、暦を作ろうと試みた人にとって、「1年をいくつに区分したら良いか」ということ、つまり時間をどのように把握したらよいか、ということが問題でした。その際、やはり自然の法則にしたがうべきだと考えました。

自然のうち、天の時間については、次のように考えました。

前述したように無数の星が存在する中で、太陽と月と惑星が地球と密接な関係にあります。

そのうち太陽と地球の関係については、地球が1自転すると1日、そして地球は太陽の周りを1年かけて公転します。1年の間に地球は太陽の周りを約365回自転します。この太陽と地球の関係から1年は約365日であることが分かりました。

惑星と地球の関係については次のことがわかりました。当時肉眼で見ることが出来た５つの惑星、木星・火星・土星・金星・水星の中で、もっとも観察しやすかったのは木星でした。木星が太陽の周りをまわる公転は約12年です。地球が太陽の周りを１周すると、木星は12分の１周することになります。この組み合わせを図に表わせば次のようになります。（図表３－１）地球の１周と木星の12分の１周の組み合わせから、地球の１周を12区分することにしました。つまり、１年を12ヶ月に分割できます。これにより天の時間は12区分できたことになります。

天の時間を12区分した後、地の時間についても考察しました。地の時間の移り変わりの代表的なものは季節です。毎年、春夏秋冬の四季がまわります。これでまず１年を４分割することが出来ます。次に当時から、物事を３つに区分するという思想が存在しました。どんな物事でも、初め・中心・終わりの３つの時間があるという考え方です。この考えを、季節にも応用しました。すなわち、春という季節も、春の初め、春の中心、春の終わりというように、３つに区分することが出来ます。そして、四季をそれぞれ、初め・中心・終わりと３つに区分した結果、１年が12区分されることになりました。こ

図表3-1　　地球と木星の公転

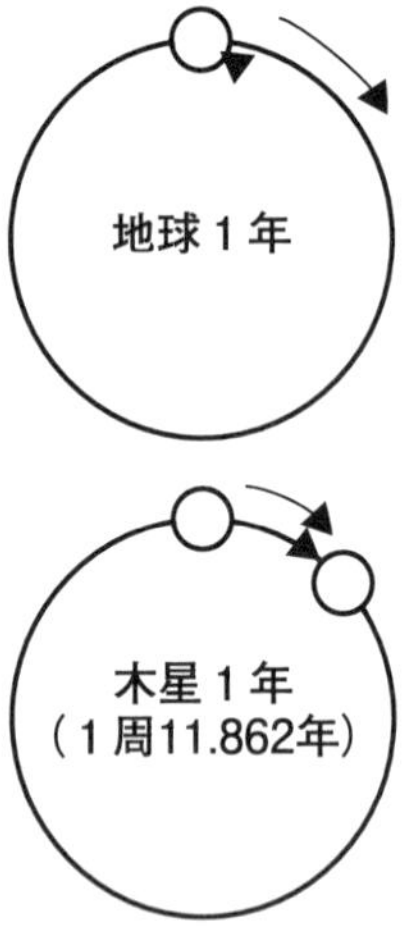

れで、「地の時間」も12区分されることになりました。

## 6、十二支～2

この天の12区分と地の12区分をそれぞれ十二次、十二位と名付けました。この十二次と十二位にはそれぞれ次のような名称がつけられました。（図表３－２）

十二次と十二位を、別々の名称で呼ぶのは不便ですし、またこの名称は普段あまり聞くこともない言葉です。そこで同一名称をつける事にし、また解り易く、覚えやすい名称ということで、動物名を用いることにしました。これが十二支であり、それぞれ子（ね）・丑（うし）・寅（とら）・卯（う）・辰（たつ）・巳（み）・午（うま）・未（ひつじ）・申（さる）・酉（とり）・戌（いぬ）・亥（い）です。また、十二次は兄とし、十二位は弟と見立て、十二支のことを十二兄弟（えと）とも呼ぶようになりました。

十二支は、符号ですので、動物自身の性質とは何の関係もありません。ですから自分の生まれた年の十二支で、例えば申年の生まれだとすばしこくて抜け目がないとかいう

図表3-2　　　　　十二次、十二位表

| 十二次 | | 十二位 | | 十二支 |
|---|---|---|---|---|
| 玄枵 | (げんきょう) | 困敦 | (こんとん) | 子 |
| 星紀 | (せいき) | 赤奮若 | (せきふんじゃく) | 丑 |
| 析木 | (せきぼく) | 摂提格 | (せっていかく) | 寅 |
| 大火 | (たいか) | 単閼 | (たんあつ) | 卯 |
| 寿星 | (じゅせい) | 執除 | (しつじょ) | 辰 |
| 鶉尾 | (じゅんび) | 大荒落 | (だいこうらく) | 巳 |
| 鶉火 | (じゅんか) | 敦牂 | (とんよう) | 午 |
| 鶉首 | (じゅしゅ) | 協洽 | (きょうごう) | 未 |
| 実沈 | (じっちん) | 涒灘 | (くんなん) | 申 |
| 大梁 | (たいりょう) | 作噩 | (さくがく) | 酉 |
| 降婁 | (こうろう) | 閹茂 | (えんも) | 戌 |
| 娵訾 | (しゅし) | 大淵献 | (だいえんけん) | 亥 |

のは、何の根拠も無いわけです。

十二支は、円形に並べることができます。この十二支を円形に配した図形を十二支表(1)（図表３－３－１）といいます。万物は陰と陽が交互に繰り返されることで秩序が保たれます。そこで十二支も、陰と陽を交互に並べます。時計回りの方向に、子は陽、以下順々に丑は陰、寅は陽、卯は陰、辰は陽、巳は陰、午は陽、未は陰、申は陽、酉は陰、戌は陽、亥は陰となります。子・寅・辰・午・申・戌を陽支といい、丑・卯・巳・未・酉・亥を陰支といいます。

十二支を、十二支表に並べることによりいろいろなことが説明できます。

まず十二支は方位を表します。亥・子は北方の質を備えています。同じように、寅・卯は東方の質を備え、巳・午は南方の質を備え、申・酉は西方の質を備えています。

また、十二支は季節をあらわします。亥・子を冬、寅・卯を春、巳・午を夏、申・酉を秋とします。季節と季節の間には、季節の変化を調整する質が加わります。この季節の終わりの支は土用と呼びます。つまり丑・辰・未・戌の四支です。

十二支は同時に五行とも結びつきます。十二支を、それぞれ、子水（ねすい）・丑土

図表3-3-1　　十二支表(1)

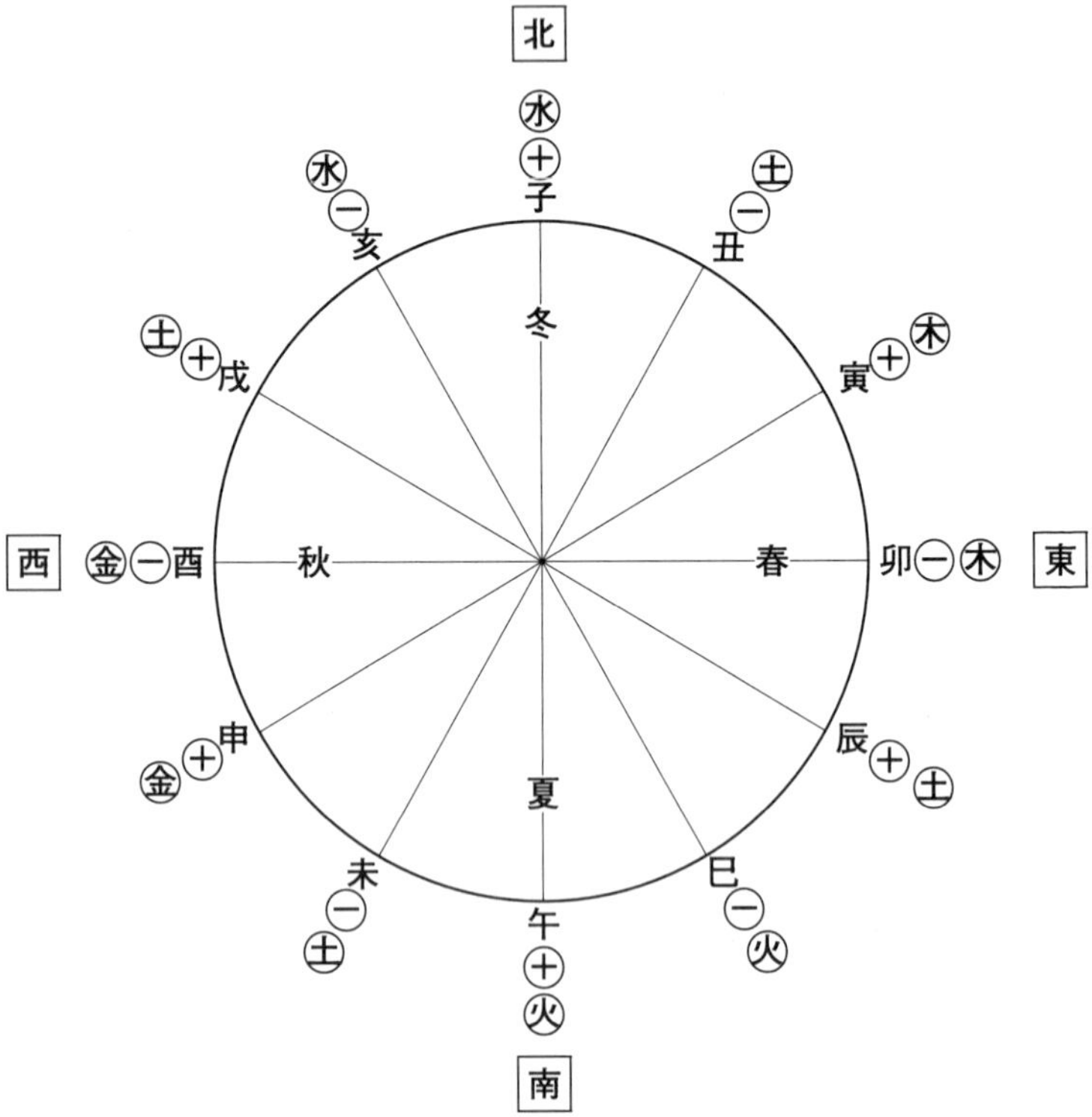

（うしど）・寅木（とらぼく）・卯木（うぼく）・辰土（たつど）・巳火（みび）・午火（うまび）・未土（ひつじど）・申金（さるきん）・酉金（とりきん）・戌土（いぬど）・亥水（いすい）と呼び、それぞれの十二支が木・火・土・金・水の性質を持っているとします。

## 7、暦の成立

十二支は季節をあらわしますので、十二支を使って暦を作成していきます。この暦は現在使われている西洋暦に対して、東洋暦（または旧暦・干支暦）と呼ばれます。旧暦では、立春・春分・立夏・夏至・立秋・秋分・立冬・冬至の8つを季節の節目にしています。

旧暦では4つの季節の中心を冬至・春分・夏至・秋分とします。冬至は昼の最も短い日、夏至は逆に昼の最も長い日です。昼と夜の長さが等分となる日は、春分と秋分です。また冬至と春分の真ん中に冬と春の境目があります。そこでこの日を、季節を分ける日として節分と名付けました。そして次の日から春が始まるとして、これを立春としました。当時の人々は、立春を地上の万物が活動を始める日、1年の始まる日、つまり正月元旦と考えました。現在でも旧暦を採用する国では、立春を正月元旦としています。同じように、春分と夏至の真ん中を立夏、夏至と秋分の真ん中を立秋、秋分と冬至の真ん中を立冬と名付けました。

この関係は、円盤状の図にすることができます。まず円盤を12等分します。一番上に冬至の12月、十二支の最初の子を持ってきます。そこから出発して順に各月に十二支を当てはめていきます。

これらの季節の呼び名と十二支の関係は十二支表（2）（図表3－3－2）のようになります。

## 8、六十花甲子

これまでの説明では、十干は空間、十二支は時間を意味します。双方を合わせると、

図表3-3-2　十二支表(2)

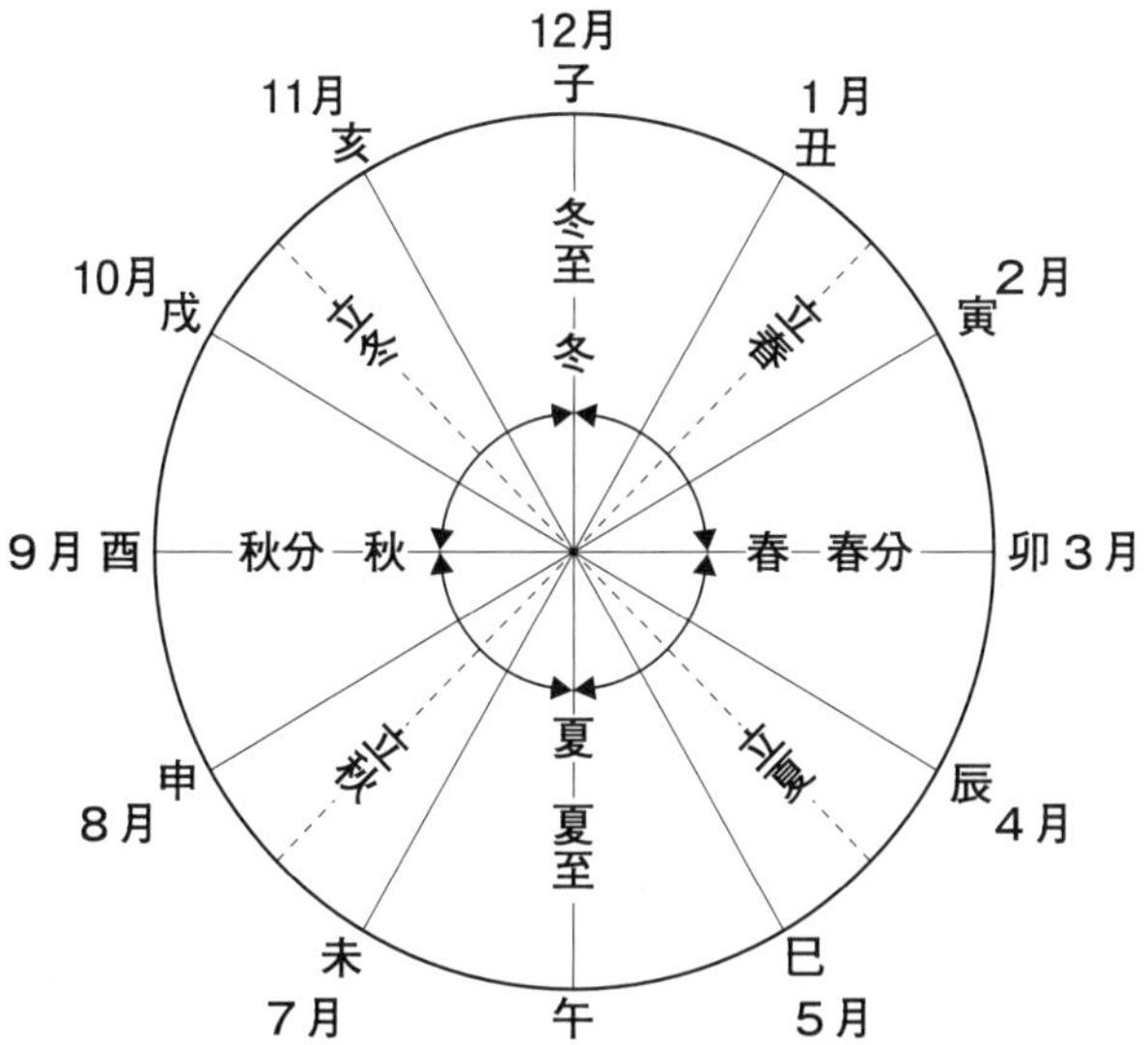
12月
子
1月
丑
2月
寅
卯 3月
辰
4月
巳
5月
午
6月
未
7月
申
8月
9月 酉
10月
戌
11月
亥
冬至
冬
立春
春
春分
立夏
夏
夏至
立秋
秋
秋分
立冬

この世のすべてを表現することが出来ます。この十干と十二支が合体したものを干支（かんし）といいます。干支の組み合わせでは、十干を上にし、十二支を下にします。

十干の始めの甲と、十二支の始めの子の組み合わせで、甲子を干支の出発とします。順次十二支の上に十干をのせていくと、60個の組み合わせが出来あがります。陽干は陽支と、陰干は陰支と結合します。また、陽干陽支の組み合わせと陰干陰支の組み合わせが交互に配されます。

この組み合わせを繰り返していくと、61個目は再び甲子となります。60年で一巡して振り出しの甲子に戻ることから、これが「還暦」のいわれになっています。

この六十花甲子は六十花甲子表としてあらわされます。（図表3－4）

## 9、生剋比論

五行、すなわち木・火・土・金・水はそれぞれが影響しあって存在しています。その相互の影響には、生じ合い、剋（こく）し合い、そのどちらでもないものの3種類があ

**図表3-4**　　**六十花甲子表**

| | | | | | | | | | | | | | | |
|---|---|---|---|---|---|---|---|---|---|---|---|---|---|---|
| 1 | 甲子 | 昭和59年 | 13 | 丙子 | 平成8年 | 25 | 戊子 | 平成20年 | 37 | 庚子 | 昭和35年 | 49 | 壬子 | 昭和47年 |
| 2 | 乙丑 | 昭和60年 | 14 | 丁丑 | 平成9年 | 26 | 己丑 | 平成21年 | 38 | 辛丑 | 昭和36年 | 50 | 癸丑 | 昭和48年 |
| 3 | 丙寅 | 昭和61年 | 15 | 戊寅 | 平成10年 | 27 | 庚寅 | 平成22年 | 39 | 壬寅 | 昭和37年 | 51 | 甲寅 | 昭和49年 |
| 4 | 丁卯 | 昭和62年 | 16 | 己卯 | 平成11年 | 28 | 辛卯 | 平成23年 | 40 | 癸卯 | 昭和38年 | 52 | 乙卯 | 昭和50年 |
| 5 | 戊辰 | 昭和63年 | 17 | 庚辰 | 平成12年 | 29 | 壬辰 | 平成24年 | 41 | 甲辰 | 昭和39年 | 53 | 丙辰 | 昭和51年 |
| 6 | 己巳 | 平成元年 | 18 | 辛巳 | 平成13年 | 30 | 癸巳 | 平成25年 | 42 | 乙巳 | 昭和40年 | 54 | 丁巳 | 昭和52年 |
| 7 | 庚午 | 平成2年 | 19 | 壬午 | 平成14年 | 31 | 甲午 | 昭和29年 | 43 | 丙午 | 昭和41年 | 55 | 戊午 | 昭和53年 |
| 8 | 辛未 | 平成3年 | 20 | 癸未 | 平成15年 | 32 | 乙未 | 昭和30年 | 44 | 丁未 | 昭和42年 | 56 | 己未 | 昭和54年 |
| 9 | 壬申 | 平成4年 | 21 | 甲申 | 平成16年 | 33 | 丙申 | 昭和31年 | 45 | 戊申 | 昭和43年 | 57 | 庚申 | 昭和55年 |
| 10 | 癸酉 | 平成5年 | 22 | 乙酉 | 平成17年 | 34 | 丁酉 | 昭和32年 | 46 | 己酉 | 昭和44年 | 58 | 辛酉 | 昭和56年 |
| 11 | 甲戌 | 平成6年 | 23 | 丙戌 | 平成18年 | 35 | 戊戌 | 昭和33年 | 47 | 庚戌 | 昭和45年 | 59 | 壬戌 | 昭和57年 |
| 12 | 乙亥 | 平成7年 | 24 | 丁亥 | 平成19年 | 36 | 己亥 | 昭和34年 | 48 | 辛亥 | 昭和46年 | 60 | 癸亥 | 昭和58年 |

ります。生じ合う関係を相生（そうしょう）、剋し合う関係を相剋（そうこく）、どちらでもない関係を比和（ひわ）といいます。

①相生

相生とは、生じることと、生じられることの2つの状態を言います。二者間に相生の関係があれば、一方は生じ、他方は生じられます。相性関係を一口で言えば、「助け、助けられるような関係」となります。

木性と火性では、木が燃えて火となるので、木性から見れば生じていることになり、火性から見れば生じられていることになります。つまり木性は火性を助け、火性は木性に助けられます。

木性と火性以外の他の五行でも、火性と土性、土性と金性、金性と水性、水性と木性は相性関係になります。

これらの関係は、木生火（もくしょうか）、火生土（かしょうど）、土生金（どしょうきん）、金生水（きんしょうすい）、水生木（すいしょうもく）と表現されます。（図表

3－5、相生剋図）

②相剋

相剋とは剋すことと剋されることとの2つの状態を言います。二者間において相剋があれば、一方は剋し、他方は剋される関係です。相剋関係は、相生とは逆に、「相手をやっつけ、やっつけられるような関係」です。

五行との関係で言えば、木性と土性では、植物は土の中に根を張り、土の中でしっかりとした土台を築きます。木性が土性を剋し、土性が木性に剋されます。

木性と土性以外でも、土性と水性、水性と火性、火性と金性、金性と木性は相剋関係となります。

これらの関係は、木剋土（もっこくど）、土剋水（どこくすい）、水剋火（すいこくか）、火剋金（かこくきん）、金剋木（きんこくもく）と表現されます。（図表3－5、相生剋図）

③比和

同質または同種の二者間の状態を比和しているといい、その関係を比和関係といいます。木性・火性・土性・金性・水性同士の間は比和関係です。二者関係において、生じ合いも剋し合いもありません。比和関係を一口で言うと、「友達のような関係」となります。

これら相生、相剋、比和の三関係を総称して生剋比（しょうこくひ）といいます。相生は、木火土金水が順列の関係になり、相剋は1つおきの関係になります。相生は五行の順列の規律を守るのに対し、相剋は五行の順列の規律を破るものです。比和はそのいずれでもあり、いずれでもありません。これを円形に配してそれぞれを結ぶと、相生は五角形となり、相剋は五星形を作ります。（図表3－5、相生剋図）

## 図表3-5　　相生剋図

相生

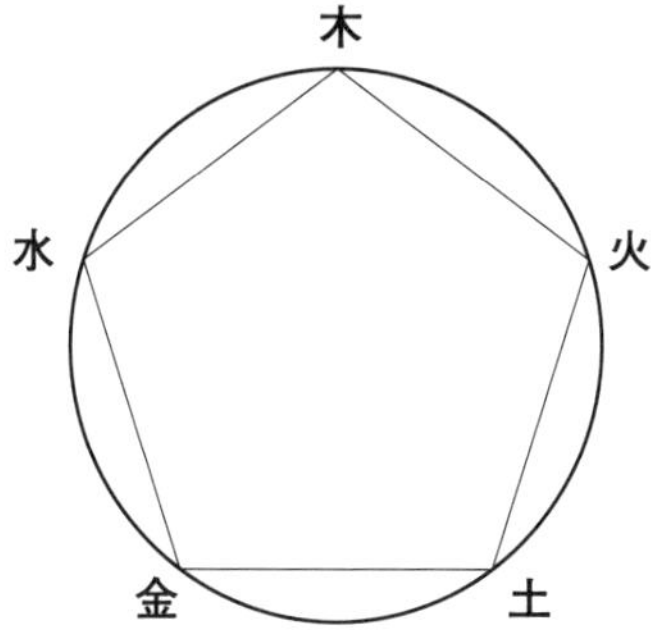


相剋

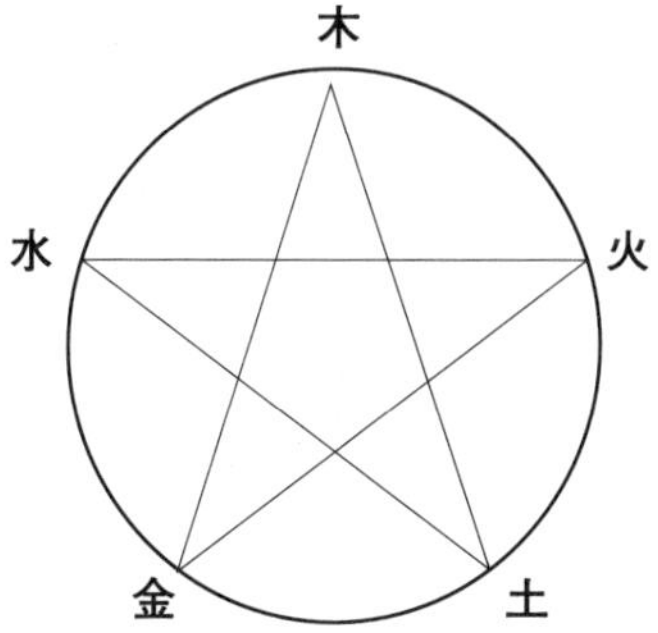

# 第4章　占いの各論

# Ⅰ、九星気学

## 1、九星気学とは

ここからは、九星気学・風水・周易・姓名判断の順で各論に入っていきます。

私たちの周りには、目に見えない自然のエネルギーである気が存在しています。気は、宇宙天地に充満する万物育成の大気で、季節の変化や生物の盛衰なども気によって支配されています。

九星気学とは、その人の生年月日を支配する気で、その人の方位や時期、あるいは相性を占うものです。気学という名前もそこから来ています。生年月日は、人間にとって変えることのできない所与のもので、それはその人の一生を左右するという前提に立った占いです。

生年月日のうち、生まれた年を支配している気を「本命」と呼びます。また生まれた月や日にもそれぞれ支配している気が存在しており、それぞれ「月命」「日命」と呼びます。しかし、「日命」の影響力は非常に小さく、生まれてから数ヶ月でその影響力は消えてしまいます。したがって、「本命」「月命」によって、自分を支配している気を見るのが良いでしょう。ですからここでは、「本命」「月命」を主に述べてみたいと思います。

九星気学では気を星であらわします。この星の種類は９種類つまり九星で、九星気学という呼び名はここから来ています。

九星には次のものがあります。

①、一白水星　②、二黒土星　③、三碧木星　④、四緑木星　⑤、五黄土星
⑥、六白金星　⑦、七赤金星　⑧、八白土星　⑨、九紫火星

自分の生まれた年や月の星が何であるかは、本命表（図表４－Ⅰ－４　98ページ）や月命表（図表４－Ⅰ－５　98ページ。これは昭和41年の場合です。）によって知ることが出来ます。

この場合気を付けることは、九星気学は旧暦をもとに出来ていますので、１月１日に年が変わるのではなく、立春（２月４日前後）から年が変わります。したがって、立春

より前（1月1日～2月3日頃）に生まれた人は前の年の本命を適用する必要があります。同じように月命を見るときも、1月1日からではありません。月によって、始まる日が変わりますので気を付けてください。

## 2、五行との関係

九星気学には、「五行説」が強く影響をしています。五行説は前述していますが、九星気学を理解するうえで重要ですので、簡単に復習しておきます。

五行説とは、この世に存在するすべての物質が5つの要素（木、火、土、金、水）から出来上がっており、どんな物質であってもすべてこの5つに分類することが出来るという考え方です。

また、五行の性質の違いから、お互いに良い影響を与えるものと悪い影響を与えるものが存在します。良い影響を与えるものを「相生」、悪い影響を与えるものを「相剋」といいます。

相生や相剋は（図表3－5　85ページ）の図のようになっています。

良い影響を与える相生の関係を、木生火・火生土・土生金・金生水・水生木といい、悪い影響を与える相剋の関係を、木剋土・土剋水・水剋火・火剋金・金剋木といいます。

さらに土と土、あるいは金と金といった五行同士の関係を「比和」と呼びます。この場合は性質が同じであるため良くも悪くもない関係ということが出来ます。

九星には、かならず五行の名前が付いています。例えば、一白水星、二黒土星というようにです。この五行が付いていることにより、星同士の間で相生・相剋・比和を見ることが出来ます。ある九星と相生・相剋・比和であるとは、その九星の示す五行と相生・相剋・比和であることを示しています。さらに九星気学では、この星同士の相性を人間同士の相性に応用します。すなわちその人の星と、ある星を持つ人の間で相生・相剋・比和の関係があるとします。（第5章　事例4）

## 3、定位盤

図をご覧下さい。（図表4－Ⅰ－1　定位盤）

図の1から9までの数字は九星をあらわしています。例えば、(1)は一白水星、(2)は二黒土星という具合です。中央は(5)ですから五黄土星が位置しています。九星は本来の位置というものを持っており、これを定位と呼んでいます。この図ではそれぞれの九星の定位をあらわしています。例えば五黄土星は中央が定位です。したがってこの図を定位盤と呼びます。九星気学では、この定位盤が出発点です。

また、この盤は方位もあらわしています。例えば一白水星の場合は、定位は北となっています。

これらの星は一定の法則に従って動いていきます。これを遁行（とんこう）と言います。例えば五黄土星は中央にある年（定位盤が当てはまる年）をスタートして、図表4－Ⅰ－2の矢印のように回っていきます。五黄土星が動くとその後に四緑木星や三碧木星といった星がかわるがわる中央に入ってきます。この中央に入ってくる星がその年を

図表4-Ⅰ-1

定位盤

| | | |
|---|---|---|
| 西北<br>(6) | 北<br>(1) | 東北<br>(8) |
| 西<br>(7) | (5) | 東<br>(3) |
| 西南<br>(2) | 南<br>(9) | 東南<br>(4) |

図表4-Ⅰ-2

遁行図

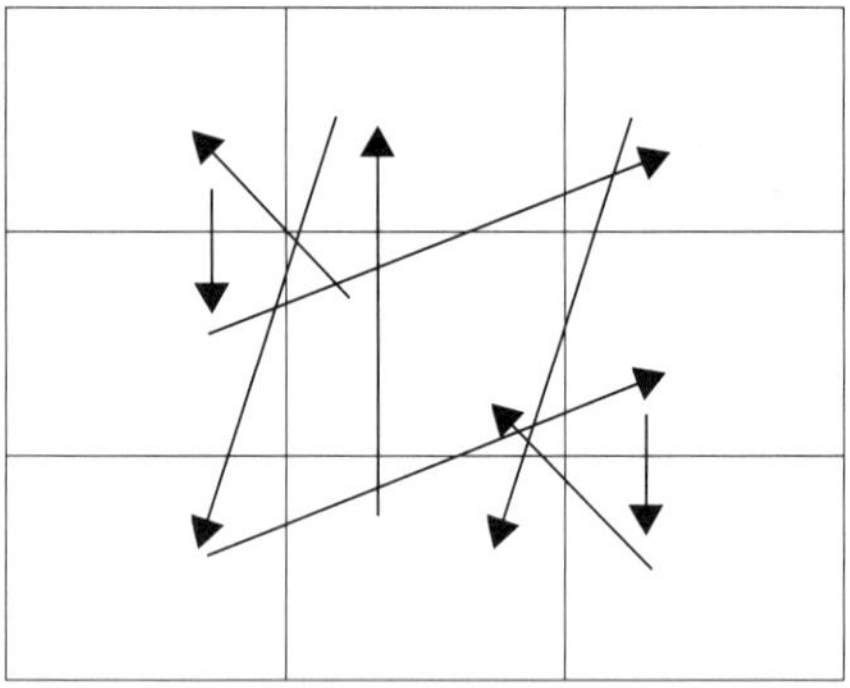

代表する星です。

遁行は、中央→西北→西→東北→南→北→西南→東→東南と廻り再び中央に戻るといった動きをします。

## ４、方位の利用

気学の利用とは、良い方位（吉方位）を積極的に使って運勢を上昇させること、そして悪い方位（凶方位）を徹底して避けることです。そこで、８方位のうち、どの方位が悪く、どの方位が良いのかを知ることが必要です。

吉方位や凶方位は人によって違います。例えば、ある方位がある人にとっては吉方位でも別の人にとっては凶方位となることがあります。また、九星が毎年、毎月と定められた法則で定位盤上を遁行しているため、吉方位や凶方位も毎年、毎月違います。例えば、ある人にとって今年は東が吉方位であっても、来年は凶方位となることがあります。自分の方位を求めるには、次のような手順で行います。

前述の本命・月命表から自分の本命、月命を調べます。本命・月命とに共通する相生・比和の関係にある星を確認しておきます。次に年盤表から共通する相生・比和の星の方位を見ます。それがその人のその年の吉方位です。さらに月盤表から共通する相生・比和の星が吉方位に運行する月を見ます。その月がその人にとって行動を起こすにもっともふさわしい月です。

ただし、気をつけていただきたいのは、九星気学では、方位の取り方が一般の場合と少し違うことです。通常、方位は東西南北の4方位を基準に、その間、つまり東北、東南、西南、西北を合わせた8方位を指します。そして8方位はどれも45度です。九星気学でも8方位ですが、東、西、南、北は30度、東北、東南、西南、西北は60度と考えます。（図表4－I－3）

では、実際に、例えば昭和41年9月生まれの人の吉方位を求めて見ましょう。

本命表（図表4－I－4）によると、この人の本命は七赤金星ですから、相生剋図（図表3－5　85ページ）から、一白水星、二黒土星、六白金星、八白土星と相生・比和しています。またこの人の月命は、昭和41年の月命表（図表4－I－5）によると一白水

図表4-Ⅰ-3　　方位の角度

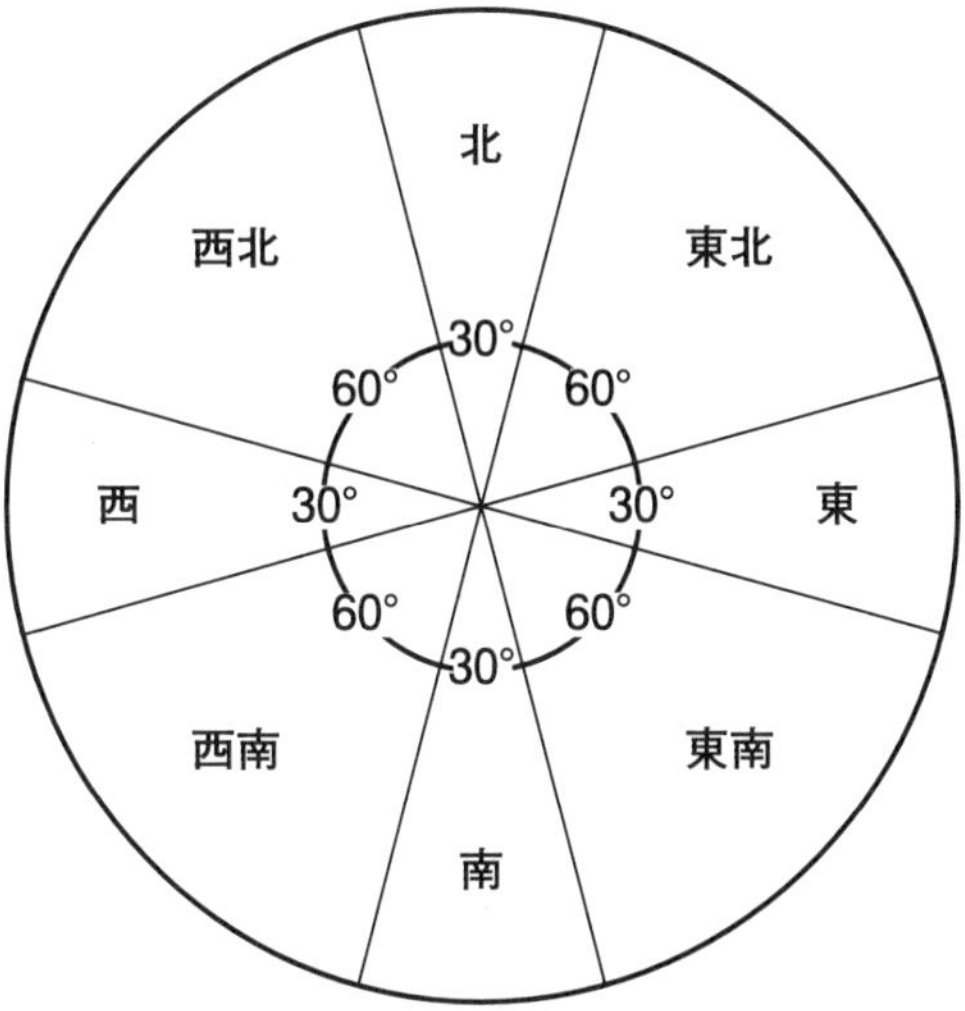

## 図表4-Ⅰ-4　　本命表

| 星 | 一白水星 | 二黒土星 | 三碧木星 | 四緑木星 | 五黄土星 | 六白金星 | 七赤金星 | 八白土星 | 九紫火星 |
|---|---|---|---|---|---|---|---|---|---|
| 生まれ年 | 昭和20年（1945年） | 昭和28年（1953年） | 昭和27年（1952年） | 昭和26年（1951年） | 昭和25年（1950年） | 昭和24年（1949年） | 昭和23年（1948年） | 昭和22年（1947年） | 昭和21年（1946年） |
| | 昭和29年（1954年） | 昭和37年（1962年） | 昭和36年（1961年） | 昭和35年（1960年） | 昭和34年（1959年） | 昭和33年（1958年） | 昭和32年（1957年） | 昭和31年（1956年） | 昭和30年（1955年） |
| | 昭和38年（1963年） | 昭和46年（1971年） | 昭和45年（1970年） | 昭和44年（1969年） | 昭和43年（1968年） | 昭和42年（1967年） | 昭和41年（1966年） | 昭和40年（1965年） | 昭和39年（1964年） |
| | 昭和47年（1972年） | 昭和55年（1980年） | 昭和54年（1979年） | 昭和53年（1978年） | 昭和52年（1977年） | 昭和51年（1976年） | 昭和50年（1975年） | 昭和49年（1974年） | 昭和48年（1973年） |
| | 昭和56年（1981年） | 平成元年（1989年） | 昭和63年（1988年） | 昭和62年（1987年） | 昭和61年（1986年） | 昭和60年（1985年） | 昭和59年（1984年） | 昭和58年（1983年） | 昭和57年（1982年） |
| | 平成２年（1990年） | 平成10年（1998年） | 平成９年（1997年） | 平成８年（1996年） | 平成７年（1995年） | 平成６年（1994年） | 平成５年（1993年） | 平成４年（1992年） | 平成３年（1991年） |
| | 平成11年（1999年） | 平成19年（2007年） | 平成18年（2006年） | 平成17年（2005年） | 平成16年（2004年） | 平成15年（2003年） | 平成14年（2002年） | 平成13年（2001年） | 平成12年（2000年） |
| | 平成20年（2008年） | 平成28年（2016年） | 平成27年（2015年） | 平成26年（2014年） | 平成25年（2013年） | 平成24年（2012年） | 平成23年（2011年） | 平成22年（2010年） | 平成21年（2009年） |

## 図表4-Ⅰ-5
## 昭和41年の月命表

| 月 | 月命星 |
|---|---|
| ２月 | 八白土星 |
| ３月 | 七赤金星 |
| ４月 | 六白金星 |
| ５月 | 五黄土星 |
| ６月 | 四緑木星 |
| ７月 | 三碧木星 |
| ８月 | 二黒土星 |
| ９月 | 一白水星 |
| 10月 | 九紫火星 |
| 11月 | 八白土星 |
| 12月 | 七赤金星 |
| １月 | 六白金星 |

## 図表4-Ⅰ-6
## 平成20年の年盤表

| | | 北 | | |
|---|---|---|---|---|
| | 二黒土星 | 六白金星 | 四緑木星 | |
| 西 | 三碧木星 | 一白水星 | 八白土星 | 東 |
| | 七赤金星 | 五黄土星 | 九紫火星 | |
| | | 南 | | |

星ですから、相生剋図（図表３－５　85ページ）から、三碧木星、四緑木星、六白金星、七赤金星と相生しています。本命と月命に共通して相生・比和する九星は六白金星となります。したがって、この人にとっては六白金星の運行している方位が吉方位です。

例えばこの人が平成20年に引越しを考えているとします。平成20年の年盤表（図表４－Ｉ－６）から六白金星の運行している北が平成20年の吉方向ということになります。また、平成20年の月盤表（図表４－Ｉ－７）から六白金星が北に運行しているのは９月です。これで、平成20年９月に北に引越しをするのがこの人の一番の吉方位であることが分かります。

## ５、十大凶方位

何か事を起こす時、悪い結果をもたらすとされる方位が凶方位です。この方位に向かわないよう、この方位を使わないよう、十分な注意が必要です。

凶方位の中でも、特に凶意の強い方位があります。これを十大凶方位といいます。十

図表4-Ⅰ-7　　　　平成20年の月盤表

5月

| | | |
|---|---|---|
| 六白金星 | 一白水星 | 八白土星 |
| 七赤金星 | 五黄土星 | 三碧木星 |
| 二黒土星 | 九紫火星 | 四緑木星 |

2月

| | | |
|---|---|---|
| 九紫火星 | 四緑木星 | 二黒土星 |
| 一白水星 | 八白土星 | 六白金星 |
| 五黄土星 | 三碧木星 | 七赤金星 |

6月

| | | |
|---|---|---|
| 五黄土星 | 九紫火星 | 七赤金星 |
| 六白金星 | 四緑木星 | 二黒土星 |
| 一白水星 | 八白土星 | 三碧木星 |

3月

| | | |
|---|---|---|
| 八白土星 | 三碧木星 | 一白水星 |
| 九紫火星 | 七赤金星 | 五黄土星 |
| 四緑木星 | 二黒土星 | 六白金星 |

7月

| | | |
|---|---|---|
| 四緑木星 | 八白土星 | 六白金星 |
| 五黄土星 | 三碧木星 | 一白水星 |
| 九紫火星 | 七赤金星 | 二黒土星 |

4月

| | | |
|---|---|---|
| 七赤金星 | 二黒土星 | 九紫火星 |
| 八白土星 | 六白金星 | 四緑木星 |
| 三碧木星 | 一白水星 | 五黄土星 |

11月

| | | |
|---|---|---|
| 九紫火星 | 四緑木星 | 二黒土星 |
| 一白水星 | 八白土星 | 六白金星 |
| 五黄土星 | 三碧木星 | 七赤金星 |

12月

| | | |
|---|---|---|
| 八白土星 | 三碧木星 | 一白水星 |
| 九紫火星 | 七赤金星 | 五黄土星 |
| 四緑木星 | 二黒土星 | 六白金星 |

１月

| | | |
|---|---|---|
| 七赤金星 | 二黒土星 | 九紫火星 |
| 八白土星 | 六白金星 | 四緑木星 |
| 三碧木星 | 一白水星 | 五黄土星 |

８月

| | | |
|---|---|---|
| 三碧木星 | 七赤金星 | 五黄土星 |
| 四緑木星 | 二黒土星 | 九紫火星 |
| 八白土星 | 六白金星 | 一白水星 |

９月

| | | |
|---|---|---|
| 二黒土星 | 六白金星 | 四緑木星 |
| 三碧木星 | 一白水星 | 八白土星 |
| 七赤金星 | 五黄土星 | 九紫火星 |

10月

| | | |
|---|---|---|
| 一白水星 | 五黄土星 | 三碧木星 |
| 二黒土星 | 九紫火星 | 七赤金星 |
| 六白金星 | 四緑木星 | 八白土星 |

大凶方位には、すべての人に共通して悪い方位、その人にとってだけ悪い方位がありま す。

すべての人に共通の凶方位には、五黄殺（ごおうさつ）、暗剣殺（あんけんさつ）、水火殺（すいかさつ）、歳破（さいは）、月破（げっぱ）があります。

個人別の凶方位には、本命殺（ほんめいさつ）、月命殺（げつめいさつ）、生年的殺（せいねんてきさつ）、生月的殺（せいげつてきさつ）、小児殺（しょうにさつ）があります。この十大凶方位の中でも、特に強く作用する凶方位が、五黄殺と暗剣殺です。この2つの凶方位について説明します。

## 6、五黄殺と暗剣殺

①　五黄殺（図表4－I－8）

まず、五黄殺ですが、五黄殺とは、五黄土星が回座した方位をいいます。

五黄土星は定位盤での定位が中央で、九星の中でも帝王と呼ばれ、もっとも強い運気

図表4-Ⅰ-8　平成20年の五黄殺・暗剣殺

暗剣殺
北

| | | | | |
|---|---|---|---|---|
| | 二黒土星 | 六白金星 | 四緑木星 | |
| 西 | 三碧木星 | 一白水星 | 八白土星 | 東 |
| | 七赤金星 | 五黄土星 | 九紫火星 | |

南
五黄殺

を備えた星です。五黄土星の象意は非常に強い凶作用で、もともと五行では「土」にあたり、万物を腐敗させ土にかえすところから、破壊、壊滅、腐敗、屍、葬などを意味します。

したがって五黄土星が中央の年月は良いのですが（五黄土星が中央の年月には五黄殺はありません）、他の年月だと五黄土星の会座した方向に、凄まじい脅威がおこるとされています。たとえその方位がその人にとって良い方位であっても避けるべきです。

五黄殺がおきるのは自己に原因があるからだとされます。自分の不注意、怠慢などが原因で事故や災難に見舞われます。また、五黄殺の凶意はじわじわと少しずつ侵食してくる質で、気が付いた時はすでに手遅れになっていることが多いのです。さらに五黄殺の凶意は長続きする特徴を持っています。10年やそこらは続くと言われています。

②　暗剣殺（図表4－Ⅰ－8）

五黄殺の反対位置にくるのが暗剣殺です。東が五黄殺なら西が、西南が五黄殺なら東北が暗剣殺です。五黄土星が中央にくる年月には五黄殺方位がありません。したがってその年や月には、暗剣殺方位も無いことになります。

この暗剣殺も強い凶作用があり、その方位が吉方位であっても避けるべきです。

この暗剣殺は、五黄殺とは正反対の性質を持っています。五黄殺のようにじわじわとではなく、ある日ある時突如として起きます。また、原因は他にあって、巻き添えを食う災難です。例えば、相手の不注意で車をぶつけられる、他人の保証人になって損害を蒙るなどです。しかし、暗剣殺の凶意は長続きしません。その月のみ、その年のみの凶意です。

## Ⅱ、風水

### 1、風水とは

風水は、ここ最近一番のブームとなっている占いです。「どんな土地を選ぶか」、「どんな家を建てるか」などの判断の際の参考となる占いのことです。

風水でも九星気学と同じように、自然のエネルギーである「気」をいかに上手に暮らしに取り入れるかを追求します。

古代の中国人が、体験的に生み出してきた自然と住居との調和の知恵が、易や五行・九星の理論と結びつきながら発達してきました。

風水には次の3つがあります。

① 土地を選ぶ時の風水があります。土地選びは選ぶ時にはいくらかの選択肢がありますが、選んでしまった後自分の力で変えることが出来ません。その意味で多くの場合、

「自然的風水」であるといえます。

② 部屋や窓の位置、出入り口の位置、インテリアなどの風水があります。家の作り方は建てる人の意見で変えたり、新しく作り出したり出来るもので「人為的風水」と呼びます。

③ お墓選びの風水があります。中国の人達は、現世の住まいよりむしろ死後を大切に考えました。そのために、死後の墓をどんな土地に、どんな形で作るかが大変重要だったのです。

ここでは、お墓選びの風水は省略しています。

## ２、九星気学と風水の関係

風水はまず新築や転居をする時の方位と時期を重視します。自分にとっての吉凶の方位と時期を具体的に調べるには、九星気学を応用します。

九星気学はもう説明しましたので、くわしいことは省略しますが、簡単に復習しておきます。

まず、その人の本命星が何か、月命星が何か、本命表・月命表で調べておきます。その際、五行を用い、その人と相生の星を見ておきます。本命表・月命表に共通の相生の星がその人の相生の星です。次に住まいを新築しようとする年の年盤表で相生の星が会座している方位がその人の良い方位です。さらに月盤表で相生の星が会座している月がその人にとって良い時期です。

これで、九星気学によって方位や時期がわかったわけです。しかし、風水はそれだけではありません。そこからさらに、地相や家相を占う風水独得の見方が加わります。これからはそのあたりを中心に説明したいと思います。

## 3、風水と方位～宅心の求め方

ここからは方位について説明します。もっぱら住まいについて触れていますが、当然土地にも当てはまることです。

住まいの吉凶を見るときは、まず住まいの中心である「宅心」を求めます。住まいの四隅から対角線を引き、交差する点が宅心です。方位は宅心から判断しますので、正しく宅心を求めないと方位に狂いが生じ、家相の判断を誤ることになりますから、できるだけ正確な間取り図を用意して宅心を求めてください。

宅心を求める場合の、注意事項には次のようなものがあります。

①　風水では出っ張った部分を「張り」、引っ込んだ部分を「欠け」といいます。小さな張りや欠けは無視します。したがってベランダやポーチ、テラスなどは除きます。

②　2階建てや3階建ての住まいは、それぞれの階毎に宅心を出します。吉凶の作用は階が低くなるほど強くなります。

③　二世帯住宅の場合、玄関やキッチンやトイレが別々の場合、それぞれの世帯毎に宅心を出しますが、共用部分が多い場合は、一戸の住まいとして宅心を出します。二世帯住宅が、2階建てや3階建てになっている場合でもそれぞれの階毎に宅心を出すことが必要です。

④ 駐車場は、家から離れている場合は別にしますが、家の一部となっている場合は家に含めて判断します。

## 4、風水と方位〜方位の求め方

宅心を求めたならば、次に方位を正しく求めます。住まいの宅心部分にオリエンテーリング用のコンパスを置き、まず北を求めます。

ただし、コンパスが示す北（磁北）は正確な北ではありません。正確な北とは、地球の北極点と南極点を結ぶ地図上の北（真北）のことで、地球の自転軸の方向を示しています。しかし、コンパスは地磁気の影響を受けてしまうために、正確な北を指し示すことが出来ないのです。地磁気とは、地球の磁力によって生ずる磁場（地球は大きな磁石で、その磁石である地球のまわりで磁力が左右している空間）のことです。

この磁北と真北のずれを偏角と呼びます。偏角は、時間とともに変化しています。1820年頃までは東偏（東に傾く）でしたが、それ以後は西偏（西に傾く）しています。

また場所によっても異なります。北へ行くほどずれが大きくなります。国土地理院の発表によると、現在、札幌で約9度、仙台や新潟で7~8度、東京や大阪で6~7度、磁北は西（左）へずれています。

そのため家相を見るときは、磁北から数度、東（右）に補正する必要があります。真北を求めたら、間取り図に真北の方位を記入し、各方位を定めます。

## 5、風水と方位~方位と吉凶

このあたりから、風水独得の方位や時期の見方が加わってきます。この場合、九星気学と矛盾する個所が出てきます。九星気学で正しい方位や時期がわかっても、それが風水では凶方位や凶時期であることもあります。そのような場合、地相や家相を占うのが風水ですから、風水での判断を優先するのが順当な方法です。

### ①　北と南

方位のうち北は陰の気が極まり、すべての物事が新しく生まれ変わる方位です。長かった冬が終わりこれから春がやってきます。また、南は陽の気が頂点に達し、これからものみな散っていく秋が訪れます。北は水の気があり、常に清浄に保つ必要があり、トイレやゴミ置き場、排水溝など不浄とされるものを置くのはタブーとされています。南は火の気があり、居間のような家族があたたかく団欒できる部屋を置くのが良いでしょう。

② 東北と西南

昔から東北は鬼門、西南は裏鬼門として、災いを招く凶方位とされてきました。1日で言うと、東北は夜から朝へ、西南は昼から夜へ移行する時間帯です。また1年で言うと、東北は冬から春へ、西南は夏から秋へ季節が移り変わります。気が入れ替わるため、エネルギーの動きが著しく不安定になります。冷たい空気や湿気を帯びた熱気が入り込んで、もともと乱れやすい気の流れが一層激しく乱されてしまいます。それが住んでいる人にも事故や病気のような悪い影響を与えます。また、凶方位のせいで、この方位も清浄であることが必要とされ、キッチンやトイレ、浴室などの水気や火気を含んだものの、不浄物を置くことはタブーとされています。

図表4-Ⅱ-1　　二十四山方位表

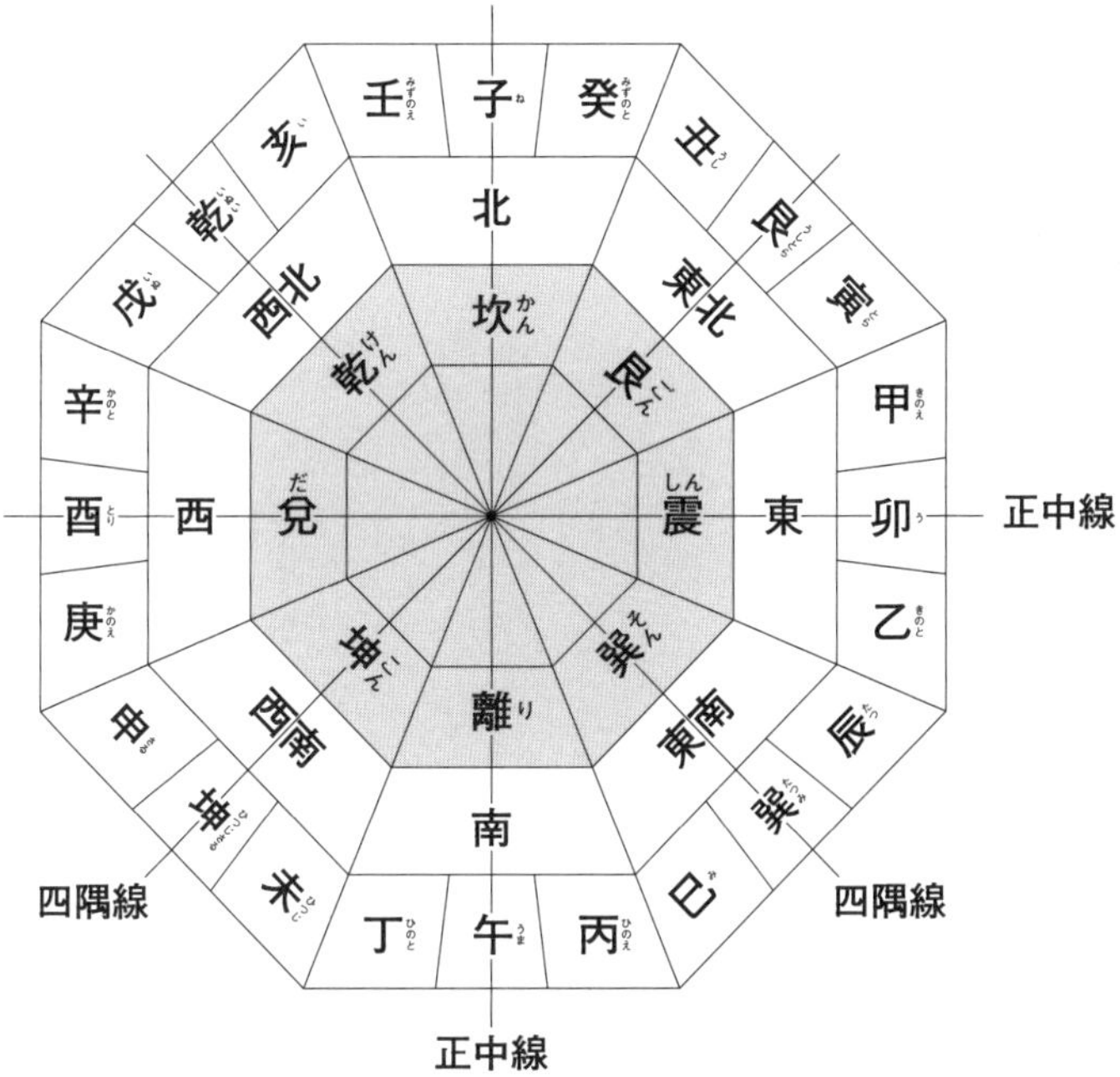

③　正中線と四隅線

方位の基本となる南と北、東と西を結ぶ線を「正中線」と呼びます。また、東北と西南、東南と西北を結ぶ線を「四隅線」と呼びます。二十四山方位表（図表4－Ⅱ－1）をご覧下さい。なんだかごちゃごちゃしていますが、この表は、十干や十二支、八卦などを組み合わせて方位を示しています。そこに正中線と四隅線を示しています。

この正中線と四隅線には、特に運気が集中するとされています。この線上に、トイレや浄化槽、浴室を置くことはタブーです。またこの線上に門や玄関、窓などがあれば外部の強い運気を直接家に取り込んでしまいます。したがって、この線上にはこのようなものを置かないようにしましょう。

## 6、風水と土地～理想の土地

風水では、最高の吉相の地を「四神相応の地」と呼んでいます。

四神とは、東西南北の四方を守る神のことで、東は青龍、西は白虎、南は朱雀、北は玄武、と架空の動物が当てはめられています。また、中央は黄龍つまり聖人である皇帝のいるところです。

東を守る青龍とは、清らかな川の流れのことです。西を守る白虎とは広い通りのことです。南を守る朱雀とは、広い庭や畑や池のことです。北を守る玄武とは、高い山や樹木のことです。

このような条件を備えた町は、例えば日本では京都や大宰府のような町が四神相応の地であるとされています。京都の例では、東の青龍が鴨川、西の白虎が山陰道、南の朱雀が小椋池、北の玄武が船岡山が相当します。ちなみに、鬼門である東北には比叡山延暦寺が、裏鬼門である西南には城南宮や岩清水八幡宮が位置しています。

例は、京都のような都ですが、宅地にも当然当てはまります。このような四神相応の地に則した土地を選べば、良い気の影響を受けて、活気あふれる豊かな暮らしを送ることができるでしょう。

## 7、風水と土地～さまざまな土地～1

①　日当たりの良い土地

土地を選ぶに際して、日当たりが良いかどうかは一番のポイントです。土地全体に一日中日の光がさんさんと降り注ぐのが理想的ですが、都会ではなかなかそのような土地を手に入れることが出来ません。一日中は無理として、午前の光と午後の光のどちらが望ましいかというと、それは東や東南から差し込む午前中の光の方です。午前中の光の方が新鮮な酸素性の大気を含み、人を活気で満たします。日当たりと同時に、風通しや周りのビルで影になる部分があるかどうかも見定める必要があります。

②　湿気が多い土地

水田や沼、海岸などを埋め立てた造成地などは湿気が多くおすすめ出来ません。一般に水の気が強すぎる土地は凶相となります。一日中、湿気でじめじめしているわけですから、そこに住む人の気力や健康運を低下させます。とくに下半身に関連した病気にかかりやすくなり、不妊症、神経痛、冷え性などに悩まされがちになります。

### ③　因縁が残る土地

かつて事故や事件があった土地は凶相です。

事故や事件の原因がその土地をめぐってのトラブルであることがあります。また、事故や事件の当事者が不幸にも命を落とすようなことがあった場合、その人の無念の思いが残っていることがあります。最近のニュースで取り上げられたような事故や事件は記憶していますが、それ以前のことはわかりません。住む前にあらかじめ神社などでお祓いをしてもらっておく方が良いでしょう。

事故や事件ではありませんが、競売にかけられたような土地にも、リストラや会社の倒産、事業の失敗などで土地を売らざるを得なくなった前所有者の思いが残っていることがあります。法務局で登記簿謄本を取ってそのような土地でないか調べておきましょう。

## 8、風水と土地～さまざまな土地～2

①　広い視野から判断する

土地を選ぶ場合、いわゆる地相以上に大事なものがあります。それはその市町村を含む地域のような広い視野からその土地を判断することです。この判断には地図を用い、例えば、その土地がその地域のどの部分にあるか、山と至近距離にないかとか川の屈折した部分に当たっていないかなどを調べます。また、その市町村の中心になる駅や市役所や役場との方位を見ておきます。逆に、自殺・殺人・事故の現場、古戦場や火葬場等、主として負の運気を発散している場所との方位も知っておく必要があります。

②　道路との関係

東と南が道路になっている土地、西と南が道路になっている土地は吉相です。しかし、北あるいは東に道路が通っている土地は凶相です。道路に面して東北に門や玄関を設けることになりますが、前にも述べたとおり東北は鬼門として避けるべきです。また、三方や四方を道路に囲まれている土地、袋小路やT字路の突き当たりにある土地も凶相になります。これらの土地は気がいつも止まらずに流れてしまうか、逆に気の抜ける路が無くいつも溜まって澱んでしまいます。

③　張りや欠けなど

土地は張りや欠けのない長方形が理想です。張りと欠けならば、運気を多く取り込める張りの方が吉相です。また、変形している土地、三角形の土地は、土地のエネルギーの強弱が激しくて気の流れが安定せず凶相です。

## 9、風水と建物～敷地の張り・欠けや宅心との関係

敷地が長方形であれば、敷地の形を気にせずに家を設計できますが、敷地に張りや欠けがある場合は、その部分を考慮して設計する必要があります。張りは一般的に吉相とされますので、問題は欠けの場合です。

敷地に欠けがある場合、敷地を有効に使おうとして、敷地の形に合わせて家を設計し

がちです。しかし、敷地に欠けがあるのに、同じ方位に欠けのある家を設計すると、その方位が二重に欠けることになり、凶意が倍増します。このような場合には、通常の形の家を建て、残りの部分は空き地にします。そうすることにより凶意を弱めることができます。その空き地に植木を植えたり、駐車場や駐輪場にするのも良いでしょう。

また家を設計するときに何より大切なのは、宅心が吉相になるように間取りを考えることです。宅心が吉相とは、宅心の位置がリビングなどその家で一番広い部屋か、一家の主人の部屋にあることをいいます。宅心は住まいの心臓部と言えるところで、その家庭の運を大きく作用します。宅心が吉相になることにより、家の中心部から上向いた運が家族全体に波及していきます。

## 10、風水と建物〜三合相の家

三合相とは、十二支方位のうち、関連性のある方位を吉相にして開運を図ることです。相性の良い方位を同時に吉相にすることにより、それぞれの持つ運気が高まり、より強い吉相が現れます。

三合相には次の4つの組み合わせがあります。（図表4－Ⅱ－2）十二支を4個目ごとに組み合わせたものです。木性・火性・金性・水性をあらわす十二支を中心に正三角形を形づくっています。実際にこの三合相で家相を見る場合、正三角形の突端は張りや別棟にあたるとします。したがって張りや欠けのない家は三合相を見ることが出来ません。三合相はそれぞれ作用が異なりますので、願いに応じて選ぶと良いでしょう。

●亥卯未の木局三合（もっきょくさんごう）

健康運が良くなり、活動意欲が高まります。

●寅午戌の火局三合（かきょくさんごう）

事業・仕事運や成功運、名誉欲が高まります。

●巳酉丑の金局三合（きんきょくさんごう）

金運が高まり、物質的に豊かな生活が送れるようになります。

●申子辰の水局三合（すいきょくさんごう）

夫婦の仲が良くなり、子供に恵まれ、家庭運が上昇します。

図表4-Ⅱ-2

三合の図

▽ 申子辰三合水局
▷ 巳酉丑三合金局
△ 寅午戌三合火局
◁ 亥卯未三合木局

ところで皆さんは疑問に思われるかもしれません。例えば木局三合の場合、卯は木性ですが亥は水性、未は土性です。亥や未が木性をあらわしていないではないかと。これは蔵干（ぞうかん）といって、それぞれの十二支が表向きの十干とは別の十干を内部に持っているからです。したがって、亥も未も蔵干の木性を持っています。蔵干についてはいろいろな説があります。興味のある方は、専門書をお読み下さい。

## 11、風水と建物～家を建てるとき

普通の人にとって、家を建てるのは、結婚や事業をおこすのと同じぐらい大事な人生の大仕事です。その人にとって、最良な方位と時期に事を起こすべきです。方位や時期の求め方は、九星気学で述べましたので省略しますが、その他にも次のような注意点があります。

①　前述した九星気学では、自分の星と相生や比和の関係にある星で吉凶を判断しました。しかし、その前に肝心の自分の星の方位を知っておく必要があります。

自分の星の方位は、定位盤（図表4－Ⅰ－1　93ページ）や二十四山方位表（図表4－Ⅱ－1　113ページ）でみます。例えば、昭和41年9月生まれの人の場合、九星気学では、この人の星は七赤金星（図表4－Ⅰ－4　本命表　98ページ）ですから、定位盤によると西になります。また干支は丙午（図表3－4　六十花甲子表　81ページ）ですから、二十四山方位表によると、十干の丙は南、十二支の午も南となります。この自分の星の方位は、さまざまな角度からみますから、いろいろな方位になりますが、年月日で変化することは無く一定なのが特徴です。

この自分の星の方位と九星気学の方位とが一致すれば良いのですが、一致しないこともあります。このような場合、どちらを優先するかが問題になりますが、自分の星の方を優先して下さい。その家に住むのは自分自身ですし、自分の運命は自分で切り拓くという考え方からすれば、自分の星を優先すべきだからです。あとは自分の努力ですし、気になる方は後述する14のような厄払いの方法もあります。

②　家を建てると工事が完了するまでよそに仮住まいすることになります。3ヶ月以内で完成するなら問題ありませんが、それ以上かかる場合には、仮住まいと建てる家の両

方の方位を調べる必要があります。どちらも吉方位になる場所を選びたいものですが、それが無理な場合には、住む期間が長くなるほう、つまり新しい家の方位を優先します。

## 12、風水いろいろ～誰を中心に方位や時期を決めるか

①　単身者が引越しをするのであれば、その人の星だけを見て方位や時期を決めれば良いのですが、家族がいる場合には、家族全員の吉方位を調べる必要があります。とはいえ、生まれた星が異なりますから、全員の吉方位が一致することはまずありません。そのような場合には、その一家を支えている人の星を重視して、方位や時期を選ぶのが基本となります。

②　家族に12歳未満の子供がいる場合は、小児殺の方位に注意する必要があります。小児殺というのは、十大凶方位（１０２ページ）の一つで、12歳未満の子供にだけ脅威を及ぼす方位で、この方向に転居すると、子供が生死にかかわるアクシデントに見舞われたり、病気を引き起こしやすくなります。

小児殺は、年の十二支によって決まる九星が月盤上で位置している方位をいいます。年の十二支の求め方は図表4－Ⅱ－3によります。平成20年は、子年ですから九星は八白土星です。その八白土星が平成20年中どのように動くかは平成20年の月盤表（図表4－Ⅰ－7　100ページ）をご覧下さい。それによると、小児殺は2月はなし（八白土星が中央に位置しているので）、3月は西北、4月は西、5月は東北、6月は南、7月は北、8月は西南、9月は東、10月は東南、11月はなし（理由は2月の場合と同じ）、12月は西北、翌年1月は西となります。つまり平成20年の各月のこの方角は要注意です。

③　方位の吉凶は、一家の主人を中心に調べるのが基本ですが、家族に妊婦や病人、受験を控えていたり、転職や独立を考えている人がある場合、できるだけその人にとって吉となる方位を選びたいものです。現在は凶方位であっても年が変わればやがて吉方位に変わることもありますから、できるものならばその時期までそれらの計画を延期する方が良いでしょう。

図表4-Ⅱ-3　小児殺早見表

| 年 | 小児殺 |
|---|---|
| 子 | 八白土星 |
| 丑 | 九紫火星 |
| 寅 | 二黒土星 |
| 卯 | 三碧木星 |
| 辰 | 五黄土星 |
| 巳 | 六白金星 |
| 午 | 八白土星 |
| 未 | 九紫火星 |
| 申 | 二黒土星 |
| 酉 | 三碧木星 |
| 戌 | 五黄土星 |
| 亥 | 六白金星 |

## 13、風水いろいろ～土用には注意

土用とは、季節の変わり目を意味し、春・夏・秋・冬4回の土用があります。春の土用は立夏の前、夏の土用は立秋の前、秋の土用は立冬の前、冬の土用は立春の前の18日間です。現在では、夏の土用がうなぎを食べる習慣と共に一般的になっています。

土用は自然界を変化させる土の気を意味し、季節の移り変わりも土用の気によって起こります。しかも、土用はものごとを衰退させる殺気も合わせて持っています。そのため、この時期に家の新築や転居をすると運勢が下降していきます。たとえ、その年や方位が吉であっても、この時期の新築や転居は避けた方が無難です。

このように、土用の間は、どの方位への新築や転居も避けたほうが良いのですが、中でも土用に入る月の十二支が示す方向は殺気が強くなります。

春の土用の入りの4月が辰月なので辰の方位（東南）、夏の土用の入りの7月が未なので未の方位（西南）、秋の土用の入りの10月が戌月なので戌の方位（西北）、冬の土用の入りの1月が丑月なので丑の方位（東北）が要注意です。

## 14、風水いろいろ～凶位の絶ち方

人間は皆、出来るものならば、良い気を取り入れ、悪い気を避けた家に住みたいと思っています。そのため、昔からさまざまな方法が行われています。

吉方位や凶方位は、年や月によって変わります。ですから、方位が悪い時は吉方位に変わるまで時期をずらすか、時期をずらせない時は別の方位の住まいを探すのが基本です。しかし、どうしても、方位も時期もずらせないというケースも少なくありません。そうすると、心ならずも悪い気が入った家に住むことになってしまいます。

そのような時には、転居先近くの神社に詣でて「方位除け（ほういよけ）」のお祓いをしてもらい、貰った札を新しい家の柱や壁などに貼っておきます。

五黄殺や暗剣殺のような大凶方位に新築・転居しなければならないときは、「方違え（かたたがえ）」という方法があります。

これは現在の住まいと転居先の両方にとって吉となる方位へ3ヶ月以上仮住まいをした後、転居先へ正式に移り住むという方法で、古くから受け継がれてきた開運法です。方位除けも方違えも、転居後の凶方位であることに気付いた場合、1ヶ月以内であれば有効です。

また、良い気を住居に取り入れる方法として、「祐気取り（ゆうきとり）」といって、自分にとって吉時期・吉方位に旅行などをして、その方面の気を貰って帰る方法があります。

# Ⅲ、周易

## 1、易の歴史

古代の中国では、亀の甲や牛の骨を焼いて、そのひび割れの形から占いをしていたことが甲骨文字の発見により明らかにされています。

易は、筮竹の操作により得られた卦で吉凶を占うものです。命や相のように、その人の固有のシンボル（生年月日や姓名等）を対象とするものではありません。どちらかというと大局的な見地から事の推移を読み取るものといえましょう。

易は中国の悠久の歴史の中から生まれ、長い年月をかけて形成されてきました。

中国のまだ神話時代の天子、伏羲（ふくぎ）が、大宇宙の現象を観察して、これをはじめて８つの原理で説明しました。この８つの原理を陰陽の組み合わせで表現したものを、八卦（はっけ）といいます。伏羲はさらに８つの卦を組み合わせて、六十四の卦を作りました。こうして易を基本的に構成する六十四卦（ろくじゅうよんけ）が生まれたのです。八卦、六十四卦は、5、易学の原理と構成～2（138ページ）で説明します。

周の時代になり、周の文王（ぶんおう）が1つ1つの卦に解説を作りました。この頃から、易のことを周易というようになりました。

その後、前5世紀の頃、有名な孔子（こうし）が出ましたが、孔子は50歳になって易を読み、「葦編三たび絶つ（葦編（いへん）とは、なめした皮で竹のふだをつづったものです。孔子が易の勉学のため、繰り返し熟読したため、革のひもが3度も切れた故事をいいます。）」、と言われるほど、易の研究を重ねたと言われます。そして易の注釈書を書きました。

その後、幾多の変遷を経て、周易は易経となり、四書五経の五経の筆頭にあげられるようになりました。その間、多くの優れた学者が輩出し、易経の思想を深めました。それらの学者には、三国時代の王弼（おうひつ）、唐の時代の孔頴達（くようたつ）、宋の時代の程伊川（ていいせん）、などがいます。

## 2、易経

四書五経とは、儒教の書物の中で特に重要とされる九種の書物の総称をいいます。四書とは、「論語」「大学」「中庸」「孟子」です。五経とは、「易経」「書経」「詩経」「礼記」「春秋」です。四書の「大学」「中庸」は五経の「礼記」の一章を独立させたものです。そういった経緯もあり、四書よりも五経を重要視する見方があります。

易経は、その五経の中で、筆頭に挙げられている書物です。太古よりの占いの知恵、周易を、体系化し組織化し、深遠な宇宙観にまで昇華させています。

この書は、あらゆる事象を六十四卦に分けそれを説明する経と、さらに経を補充する十の書物、十翼からなっています。

経は、上経（六十四卦のうち三十卦を収録）と下経（六十四卦のうち三十四卦を収録）に分かれます。

経を補充する十翼には、次の十巻があります。

「彖伝（たんでん）上・下」には、上下経の卦辞（かじ）の注釈が説明されています。卦辞とは、六十四卦の各一卦の言葉のことです。

「象伝（しょうでん）上・下」は、大象と小象に分かれています。大象は彖伝と同じ卦辞が説明してありますが、象伝よりは道徳的・政治的な説明になっています。小象には爻辞（こうじ）の注釈が説明されています。六十四卦の各一卦はすべて6本の算木で示されていて、その1本1本の算木を爻（こう）といいます。爻辞とはその爻の言葉です。爻についても、5、易学の原理と構成～2（138ページ）を参照してください。

「文言伝（ぶんげんでん）」には、八卦のうち最も重要かつ基本的な二卦、乾（けん）と坤（こん）について説明してあります。

「繫辞伝（けいじでん）上・下」には、易の成り立ち、易の思想、占いの方式など、易に関する包括的な説明がされています。易の総論ともいえる書物です。

「説卦伝（せっかでん）」には、八卦の各一卦の概念が説明されています。

「序卦伝（じょかでん）」には、六十四卦の流れ・順序が説明されています。

「雑卦伝（ざっかでん）」には六十四卦を読み解く際のヒントを、短く要約して説明してあります。

## ３、運命学の総本家としての易

周易は易経となり、その内容が次第に深められていったのですが、その過程で儒教や道教の影響を受けていきました。

孔子については述べましたが、さらに付け加えると、王弼は自分の極めた老子の思想を周易に付け加えましたし、程伊川は周易に人間道徳を付け加えました。また、明の時代には当時隆盛を極めた朱子学の影響も受けています。

儒教や道教の影響で、易経は単に天地万物の生成変化を述べただけの内容の書ではなくなりました。占いの書でありながら、占いの域を越えた深遠な哲学や理論を持つようになりました。自然現象、人間の生き方、社会事象、政治のあり方にまで言及したものになっています。

このような易は他の運命学と同一視すべきものではありません。易の持つその深遠な哲学は、人相、手相、家相、姓名判断、気学、四柱推命学を問わず、東洋の運命学と称せられるものに、多かれ少なかれ影響を及ぼしています。

いわば易は運命学の総本家、宗家とも言うべき立場の学問であり占いなのです。

## 4、易学の原理と構成～1

陰陽論は、基礎理論の箇所でも触れています。易の基礎になるものですから、ここでもう一度、別の角度から触れておきたいと思います。

陰と陽の相互作用には2つの意味があります。

1つは、ものごとの移り変わりの原理をあらわしています。

陽はいつかは陰に、陰もいつかは陽に変わります。

「陽がきわまると陰になる」といわれるように陽が未来永劫に続くということはありません。「おごる平家は久しからず」とか「満ちれば欠ける」ということわざがあります。栄華や満願もいつかは落ちぶれて欠けて行くことを示しています。

その逆もまたしかりです。例えば、季節の上では、冬は陰とされ春は陽とされていますが、冬の陰がきわまると春の陽になります。そのことを暦では一陽来復といい、新年の言葉として使われています。

もう1つは、陰と陽は、お互いに働きあって、新しいものを生み出したり創り出したりするという意味があります。例えば、陰電気と陽電気とがぶつかり合って火花を生み出して火となって燃え上がるようなものです。

このように、陰陽にはものごとの移り変わり、ものごとのお互いの働き合いとを含んでいます。

易という文字の本来の意味は「変わる」ということです。易学は、その変わることの法則をまとめて、自然や社会や人間の背後にある原理を把握しようとします。また、変わることの将来を推し量り人間の生活や行動に役立てようとします。

## 5、易学の原理と構成～2

十翼の中で、もっとも大切な易の哲理を説いた「繫辞伝」の一節に、「易に大極あり、これ両儀を生ず。両儀は四象を生じ、四象は八卦を生ず」とあります。これを図示すると次のようになります。（図表4－Ⅲ－1）

前述したように、易の成り立ちは、大自然の自然現象の原理を、陰と陽に分けることに基づきます。

陰と陽に分かれる前の混沌とした状態を太極と呼びます。太極から陰と陽が生じます。この生じた陰と陽が両儀です。両儀で生じた陰と陽を2つずつ組み合わせたのが四象です。さらに陰と陽を3つずつ組み合わせると8つに分けられます。3つずつ組み合わせるのは天と地の間に人がいるという考えからです。これが八卦です。八卦にはさまざまな意味が込められています。（図表4－Ⅲ－2）

この八卦（小成卦といいます）を、2つずつ組み合わせて、そのおのおのに易の名前つまり卦命をつけ、自然現象の原理を象徴させます。これが六十四卦（大成卦といいま

## 図表4-Ⅲ-1

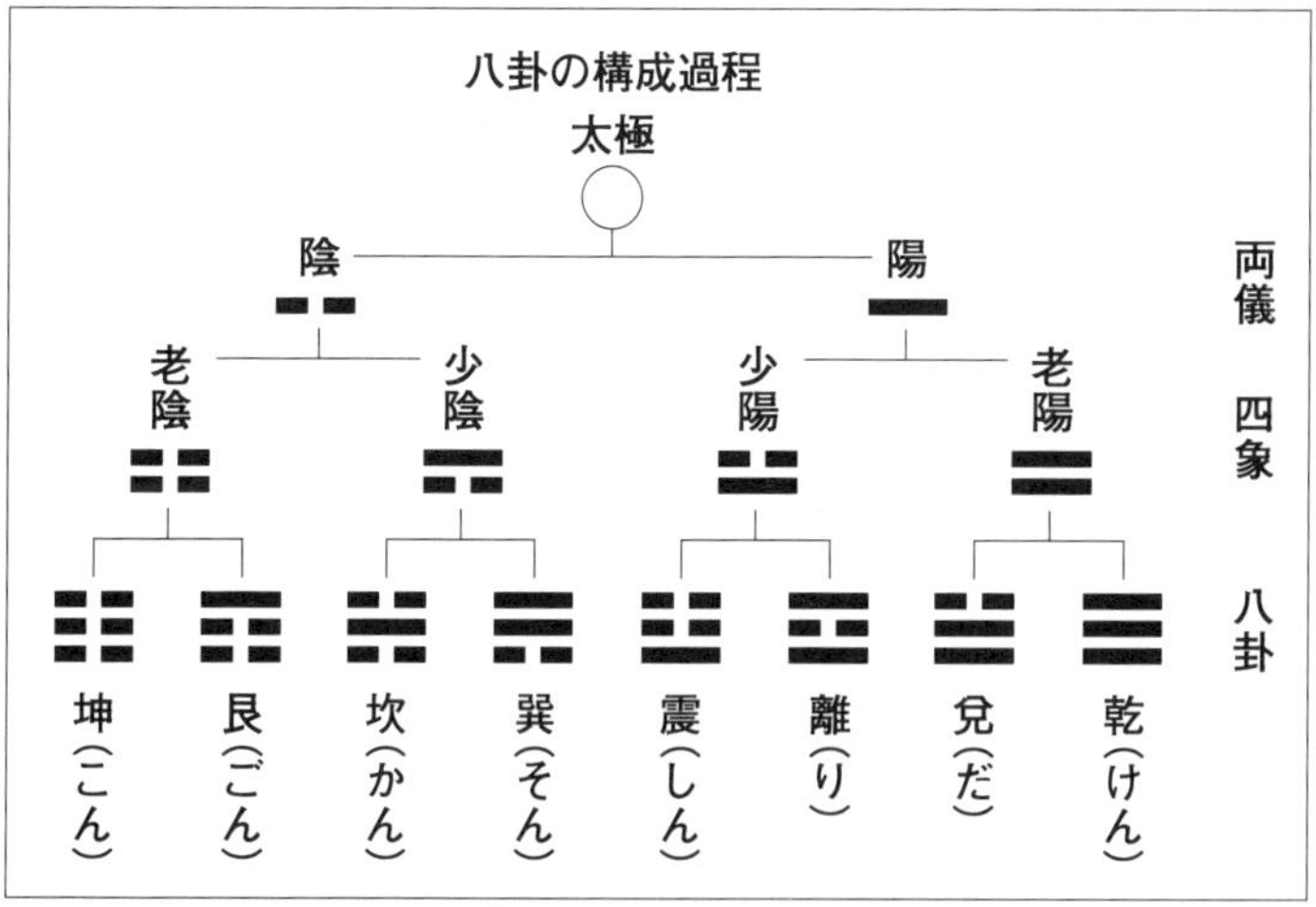
八卦の構成過程
太極
陰
陽
両儀
老陰
少陰
少陽
老陽
四象
八卦
坤(こん)
艮(ごん)
坎(かん)
巽(そん)
震(しん)
離(り)
兌(だ)
乾(けん)

図表4-Ⅲ-2　　　八卦

| 乾 | 兌 | 離 | 震 | 巽 | 坎 | 艮 | 坤 | |
|---|---|---|---|---|---|---|---|---|
| 天 | 澤 | 火 | 雷 | 風 | 水 | 山 | 地 | 自然 |
| 立冬 | 秋分 | 夏至 | 春分 | 立夏 | 冬至 | 立春 | 立秋 | 季節 |
| 母 | 少女 | 中女 | 長男 | 長女 | 中男 | 少男 | 父 | 人間 |
| 健 | 悦 | 麗 | 動 | 入 | 陥 | 止 | 順 | 性質 |
| 頭首 | 口 | 目 | 足 | 股 | 耳 | 午 | 腹 | 身体 |
| 西北 | 西 | 南 | 東 | 東南 | 北 | 東北 | 西南 | 方位 |
| 剛、始、強、大、充実、元 | 和、笑、恵、潤、歌、喜 | 知、和、光、熱、文飾、明 | 積極、決断、新、驚、進 | 進退、不決断、送、伏 | 難、流、低、心、字、労 | 防、国、節、渋滞、高 | 虚、積、小、弱、従、柔 | その他 |

図表4-Ⅲ-3

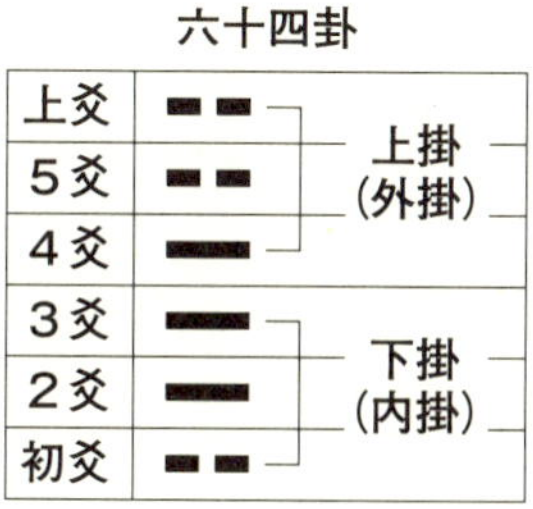


す）です。六十四卦は、宇宙万物の活動・変化の原理を総括しています。同時に、人間の行動指針や明日への生活設計の資料として、考察し、判断されます。

この六十四卦は、陰陽6本で形にあらわされています。その陰陽6本を、上の3本と、下の3本に分けて、それぞれ上卦（外掛ともいいます）、下卦（内掛ともいいます）といいます。さらにそれぞれの1本を爻と呼び、下から順に、初爻、2爻、3爻、4爻、5爻、6爻（上爻）といいます。この関係を図示したものが上の図です。（図表4－Ⅲ－3）

## 6、立筮法

占断を行うにあたり、卦を求める方法には、略筮法（りゃくぜいほう）、中筮法（ちゅうぜいほう）、本筮法（ほんぜいほう）の3種があります。この略筮法、中筮法、本筮法について簡単に述べておきます。

略筮法は3回喋筮（ちょうぜい　筮竹をさばき数えること）して卦を得る方法です。くわしくは次の章で説明します。

中筮法は6回の揲筮をします。略筮法は1回で下卦を出しますが、中筮法は第1回の揲筮で下卦の初爻を、第2回の揲筮で下卦の2爻をという風に出していきます。

本筮法は、18回の揲筮により卦を出します。

それぞれの筮法を比較してみると次のようになります。

本筮法は、易経に掲載されている筮法です。したがって正統の筮法といえますが、18回も筮竹を操作するのは、多くの時間がかかり、自然と気息の乱れも生じ、気力も衰えてくる欠点があります。また、卦の読みも相当の熟練を要します。

それに対し、中筮法や本筮法は、筮竹の操作の回数も少なく簡便です。回数を減らし簡略化してありますが、これはこれで易の理論をふまえたものです。ですから卦の読みにもそれなりの修練が必要になります。

それぞれの卦には一長一短があります。要は自分が使い慣れ、必ず当たるとの信念を持ち得る筮法に熟達することです。

したがって初心者は中筮法や略筮法により占筮すれば十分でしょう。

## 7、略筮法～1

それでは立筮法の中から略筮法によって卦を求めてみましょう。筮竹は全部で50本あります。まず50本全部をまとめて、両手で持ち、扇のように開き、これから占いたいと思う問題を精神統一をしながら念じます。

それから次のような手順で立筮していきます。

① 50本の筮竹を左手に持ち、右手でその中の1本を抜き取り机上におきます。この1本は太極を意味します。

② 残りの49本を、もう一度両手で持ち、問題を念じ、筮竹のおよそ半分と思われる分量を、右親指に力を入れ、一度にさっと右手に取り分けます。この分は地を意味します。

③ 右手に取り分けた筮竹を机上におきます。その中から1本の筮竹を取り上げ、左手の小指と薬指の間に挟んで持たせます。この1本は人を意味します。

④　左手に残った約半分の筮竹から、右の親指と人差し指とで、筮竹を一度に2本ずつ4度、合計8本を抜き取り、机上に置きます。左手の筮竹は天を意味します。

⑤　同じように、もう一度繰り返して、8本を抜き取り、机上におきます。

⑥　同じようにまた8本を抜き取り、机上におきます。同じように繰り返していると、左手に残った筮竹が8本に足りなくなり、7本残るか、6本残るか、5本残るか、4本残るか、3本残るか、2本残るか、1本残るか、ゼロになるか、いずれかになります。

⑦　残ったゼロ本、1本、2本、3本、4本、5本、6本、7本に小指と薬指との間に挟んだ1本をそれに加えます。

⑧　その結果、左手にある筮竹は1本、2本、3本、4本、5本、6本、7本、8本になります。

⑨　出てきた結果を算木で形を取って机上におきます。（図表4-Ⅲ-4）1本なら乾、2本なら兌というようにです。これが下卦になります。

⑩　今度は、①の太極を表す1本をそのままにして、②～⑧でした方法をもう一度繰り返します。

**図表4-Ⅲ-4**

| | | | |
|---|---|---|---|
| 1本 | 乾 | 天 | ☰ |
| 2本 | 兌 | 澤 | ☱ |
| 3本 | 離 | 火 | ☲ |
| 4本 | 震 | 雷 | ☳ |
| 5本 | 巽 | 風 | ☴ |
| 6本 | 坎 | 水 | ☵ |
| 7本 | 艮 | 山 | ☶ |
| 8本 | 坤 | 地 | ☷ |

**図表4-Ⅲ-5**

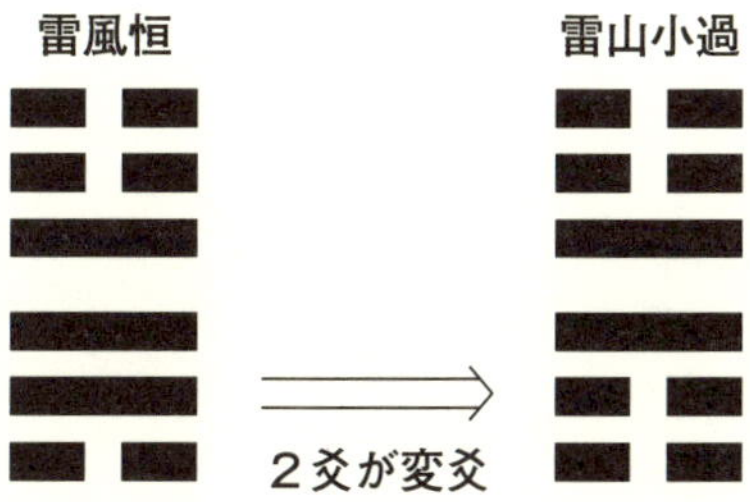

⑪　そこで出た結果を、算木で形を取って下卦の上におきます。これが上卦になります。
⑫　例えば上卦と下卦が図表の4－Ⅲ－5の左の形になった場合、これを雷風恒といいます。

## 8、略筮法～2

7、で得た卦、雷風恒そのままでも占筮はできるのですが、もう少しその奥にあるものを見ていきましょう。
易学の性質上どうしても占うことがらの変化や、その推移や成り行きを見極める必要が出てきます。そのことにより、事の成り行きを決したり、来るべき内容を吟味したりすることができるのです。

八卦はそれぞれの爻の中に移り変わりする動きを持っています。これまでの立筮の結果を受け、変化するのはどの爻かをみます。立筮法は7、で上卦や下卦を得た場合と同じですが、今回は6で割っていくところが違います。今度は一度に2本ずつ3度、合計

6本ずつ抜き取り机上に置いて行くわけです。6で割っていくことを繰り返していると、左手に6本に満たない数が残ります。残った数に小指と薬指にはさんだ1本を加えて何本になるかをみます。その数にあたる爻を裏返します。1本残れば1爻を裏返し、2本残れば2爻を裏返しというふうにです。これを変爻といいます。このようにして2本残ったと仮定します。その結果、雷風恒は図表4－Ⅲ－5の右の雷山小過という卦になります。この時、雷風恒を本卦、雷山小過を之卦と呼びます。

本卦と之卦の関係については、本卦を現在とみ、之卦を将来とみるのが一般的です。占筮者によっては解釈が異なってきます。

## 9、六十四卦表

立筮した後は、その出てきた卦を解釈する必要があります。どの占いにおいても解釈は重要なのですが、易については、ことの推移や内情を占うだけにその解釈は抽象的になります。占筮者の力量が問われることになります。

# 六十四卦表

| 震（雷）<br>しん | 離（火）<br>り | 兌（沢）<br>だ | 乾（天）<br>けん | ←上卦<br>下卦↓ |
|---|---|---|---|---|
| 34. 雷天大壮<br>らいてんたいそう<br>陽気盛大、猛進の時 | 14. 火天大有<br>かてんたいゆう<br>中天に昇る太陽。積極的に行動する | 43. 沢天夬<br>たくてんかい<br>頭をおさえられている、一大勇猛心で | 1. 乾為天<br>けんいてん<br>非常に強く盛んな勢い | 乾<br>（天） |
| 54. 雷沢帰妹<br>らいたくきまい<br>道ならぬ恋、華やか、長続きしない | 38. 火沢睽<br>かたくけい<br>女同士のジメジメした反目対立 | 58. 兌為沢<br>だいたく<br>喜悦、笑い、悦びをさす | 10. 天沢履<br>てんたくり<br>虎の尾を踏む危険な卦 | 兌<br>（沢） |
| 55. 雷火豊<br>らいかほう<br>極性に達し、盛んなれば衰える | 30. 離為火<br>りいか<br>中天に昇った太陽離反 | 49. 沢火革<br>たくかかく<br>革新、変革、多少混乱ある | 13. 天火同人<br>てんかどうじん<br>豊かな知性とたくましい実行力 | 離<br>（火） |
| 51. 震為雷<br>しんいらい<br>雷鳴とどろく。冷静沈着に行動 | 21. 火雷噬嗑<br>からいぜいごう<br>手ごわい障害にぶつかる。全力で真正面から | 17. 沢雷随<br>たくらいずい<br>盛期衰える。他人に従う | 25. 天雷无妄<br>てんらいむぼう<br>思わぬ事態が起きる | 震<br>（雷） |
| 32. 雷風恒<br>らいふうこう<br>安定した生活、危険な誘惑ひそむ | 50. 火風鼎<br>かふうてい<br>かなえ、重厚、安定、協調 | 28. 沢風大過<br>たくふうたいか<br>重い責任、実力が伴わない | 44. 天風姤<br>てんぷうこう<br>思わぬ人の出会い、運勢変わる | 巽<br>（風） |
| 40. 雷水解<br>らいすいかい<br>雪どけ、難問解決、心機一転 | 64. 火水未済<br>かすいみさい<br>苦境乗りきり、今一歩で挫折 | 47. 沢水困<br>たくすいこん<br>試練のとき、万事うまくゆかぬ | 6. 天水訟<br>てんすいしょう<br>もめ事、苦しむ、片意地捨てよ | 坎<br>（水） |
| 62. 雷山小過<br>らいざんしょうか<br>対立反目、困難に直面、日常業務に専念 | 56. 火山旅<br>かざんりょ<br>孤独な旅人、苦難の中 | 31. 沢山咸<br>たくざんかん<br>若い男女交う、心のふれあい | 33. 天山遯<br>てんざんとん<br>引退の時、今は時期早々 | 艮<br>（山） |
| 16. 雷地豫<br>らいちよ<br>春雷の季節、活動する時 | 35. 火地晋<br>かちしん<br>昇り始めた太陽、すべて順調 | 45. 沢地萃<br>たくちすい<br>砂漠でオアシスに会う | 12. 天地否<br>てんちひ<br>不安定、くいちがい、八方塞がり | 坤<br>（地） |

## 図表4-Ⅲ-6

| ☷<br>坤（地）<br>こん | ☶<br>艮（山）<br>ごん | ☵<br>坎（水）<br>かん | ☴<br>巽（風）<br>そん |
|---|---|---|---|
| ䷊<br>11. 地天泰<br>ちてんたい<br>和合、安定、理想的なかたち | ䷙<br>26. 山天大畜<br>さんてんだいちく<br>蓄積は成った。大いに活躍 | ䷄<br>5. 水天需<br>すいてんじゅ<br>危険を前に隠忍自重する | ䷈<br>9. 風天小畜<br>ふうてんしょうちく<br>外柔内剛、内にひめた剛 |
| ䷒<br>19. 地沢臨<br>ちたくりん<br>運気は次第に盛運に向かう | ䷨<br>41. 山沢損<br>さんたくそん<br>目先の利益を捨て未来を勝ち取る | ䷻<br>60. 水沢節<br>すいたくせつ<br>節度を守る、何事も平衡感覚を失わず | ䷼<br>61. 風沢中孚<br>ふうたくちゅうふ<br>誠実、暖かい人間関係で万事順調 |
| ䷣<br>36. 地火明夷<br>ちかめいい<br>暗黒が支配、堅忍自重し時節を待つ | ䷕<br>22. 山火賁<br>さんかひ<br>美しい夕映え、敗退の美 | ䷾<br>63. 水火既済<br>すいかきさい<br>ほとんど成就。現状維持 | ䷤<br>37. 風火家人<br>ふうかかじん<br>家庭を和やかに保つ、良妻賢母 |
| ䷗<br>24. 地雷復<br>ちらいふく<br>一陽来復。春のかたち | ䷚<br>27. 山雷頤<br>さんらいい<br>あご、口は養いのもと、言語、飲食 | ䷂<br>3. 水雷屯<br>すいらいちゅん<br>困難な創業期。忍耐、努力 | ䷩<br>42. 風雷益<br>ふうらいえき<br>広い心で人々を潤す。積極的に |
| ䷭<br>46. 地風升<br>ちふうしょう<br>伸び行く若木、恋愛、仕事が順調 | ䷑<br>18. 山風蠱<br>さんぷうこ<br>腐敗、混乱、禍根を断つ努力 | ䷯<br>48. 水風井<br>すいふうせい<br>静かな中に豊かな生命力、人に潤いを | ䷸<br>57. 巽為風<br>そんいふう<br>そよ風、順応、優柔不断 |
| ䷆<br>7. 地水師<br>ちすいし<br>戦いに際し大儀を明らかに、部下の心をつかむ | ䷃<br>4. 山水蒙<br>さんすいもう<br>無心の幼児、無限の可能性 | ䷜<br>29. 坎為水<br>かんいすい<br>重大な危機、勇気と誠意で | ䷺<br>59. 風水渙<br>ふうすいかん<br>分裂、離散、大同団結すれば大事業可能 |
| ䷎<br>15. 地山謙<br>ちざんけん<br>謙虚、謙譲、人に譲って道は開ける | ䷳<br>52. 艮為山<br>ごんいさん<br>泰然とした山々、軽率な行動は慎む | ䷦<br>39. 水山蹇<br>すいざんけん<br>八方塞がり、動きが取れぬ、気長に | ䷴<br>53. 風山漸<br>ふうざんぜん<br>着実に成長、順をふんで進む |
| ䷁<br>2. 坤為地<br>こんいち<br>柔らかく静か、豊かな力を秘める | ䷖<br>23. 山地剥<br>さんちはく<br>衰滅、ひたすら堅忍自重し時期を待つ | ䷇<br>8. 水地比<br>すいちひ<br>親和の心で多くの人の協力あり | ䷓<br>20. 風地観<br>ふうちかん<br>嵐吹きすさぶ、冷静に事態を見極める |

解釈については、やはり易経を参考にするわけですが、経や十翼にまたがる易経の経典の中から解釈を引っ張り出してくるのは容易ではありません。そこで、初心者は六十四卦表（図表4－Ⅲ－6）で概略の解釈をすることをおすすめします。さらに詳細な解釈が必要な場合、経典を参考にして解釈をしていきます。

六十四卦表は、八卦の卦名と八卦のあらわす自然の名前とが整然と組み合わされています。ただ、序卦伝に従って解釈していきますので、順序はばらばらです。六十四卦表の六十四卦の前についている番号が序卦伝の番号です。

これを前章の事例で見ていきましょう。まず本卦で雷風恒が出たわけですが、雷風恒は上に雷の卦、下に風の卦です。安定した生活を意味します。しかし、その中に危険な誘惑が潜んでいます。初心を忘れるとこの誘惑がうごめいてきます。つづいて之卦では雷山小過が出ました。結局誘惑に負けて失敗し周囲と対立し困難に直面してしまいました。しかし、何が災い転じて福となるか分かりません。このような苦難の中でも目的を忘れず日常業務に専念することが必要です。

# Ⅳ　姓名判断

## 1、姓名判断の方法

姓名による吉凶の判断は、昔から良く行われ親しまれている占いです。

古来より日本人は言葉の中に「言霊（ことだま）」という霊力が宿ると信じてきました。その延長線上で姓名には人間の運命に影響を与える力があると考えられてきました。それに易や気学その他の運命学の考えや手法を取り入れることによって、姓名判断は深度を増していきました。

江戸時代までは武士以外の者が姓を公称することは許されませんでしたので、一般庶民は名しか使えませんでした。明治4年、戸籍法が制定され、国民全員に姓の使用が許されました。この戸籍法に基づいて翌年明治5年に戸籍が編成されましたが、この年の干支が壬申（みずのえさる）であったことから、壬申（じんしん）戸籍と呼ばれています。それ以後、姓名判断は全国的に普及し、庶民の間で盛んになりました。
それでは、姓名判断は具体的にどのように行われるのか、その概略を示しておきます。

① 文字の画数を出す。
② 姓名を5つの運格に分類する。
③ 五格に表れた数の霊能力を見ながら、吉凶判断を行う。
④ 五行の配置が生かしあう関係かどうか調べる。

五行の他にも、陰陽や音や生年月日で判断する場合もありますが、紙数の関係で省略してあります。

この方法は、主として熊崎健翁氏が昭和4年「主婦の友」誌に発表した「熊崎式姓名学」に基づいています。

## 2、字画の出し方

文字には画数があります。姓名判断はまず文字の画数を出すことから始めますが、文字の画数の計算方法にはいろいろな約束事があります。

日本人でも最近はひらがなやカタカナの姓名も見かけるようになりましたが、まだほとんどは漢字で書かれますので、正確な漢字の画数を出さなければなりません。画数が１画違うだけでまったく別の意味になってしまうこともあります。

字画は清の時代、康熙帝（こうきてい）の命により編纂された「康熙字典（こうきじてん）」に基づいて数えます。

字画の出し方で注意することは、現代の漢字の常識では数えられない計算方法があることです。

注意すべき字画の出し方には次のようなものがあります。

①　略字の数え方

漢字は、象形文字から始まり、長い歴史を経て体系化されてきました。現在、日本で使われている漢字には、正統な漢字である「正字」、長く一般に使用されている「俗字」、古くに使われていた「古字」、日本で作られた「国字」、戦後省略されたり形を変えたりした「略字」があります。略字以外の漢字を旧字といいます。

旧字はそのままで良いのですが、略字は旧字の画数に戻して数えます。最近は略字が多く使われるので、旧字の方が一般的でない場合がありますが、姓名判断では旧字の画数を使います。

② 漢字の部首の数え方

漢字の部首つまりへんやつくりの数え方も、旧字にしたがって数えます。例えば（さんずい）は由来は「水」ということで3画ではなく4画になります。

③ 漢数字

漢数字の1から10までは、漢数字があらわす数で数えます。例えば、8は画数としては2画ですが、8画で数えます。

④ ひらがなとカタカナの数え方

ひらがな、カタカナは、原則として素直に数えますが、なかにはひらがなの「む」のように変則的なものも見られます。「む」は3画のようですが、じつは4画として数えます。

⑤ 丶、〻、々の数え方

ゝ、ゞは同じひらがなが続いた場合に使います。これを数える場合は、なゝえ→ななえ、すゞ→すずというように直して数えてください。

々は同じ漢字が続いた場合に使います。これは佐々木→佐佐木のように数えます。

## 3、姓名の五大運格

一字一字の姓名の画数を出すと、次は画数を五大運格によって判断します。具体的には、天格、人格、地格、外格、総格と呼ばれるものです。

五大運格は、姓名の骨格といえるものです。骨格のしっかりした姓名を持った人は強い運勢となります。また、五大運格の運格同士はバランスがとれていることが重要です。バランスがとれて、その人の人生はトータルで素晴らしいものになります。

この五大運格によって姓名の吉凶を判断する方法を、五格剖象法（ごかくぼうしょうほう）と言います。

① 天格

姓の合計画数です。先祖運を表します。姓は先祖代々受け継がれてきたもので、その人の生まれた環境を表します。ただし、天格には特に霊意は無いとされ、実際の判断に当たっては、天格は使いません。むしろ他の部位との関係で、とくに人格との五行関係で、人の成功・不成功に大きな影響力を持っています。五行関係では天格も判断の材料になります。

② 地格

名の画数を足したものです。基礎運とも前運とも呼ばれ、その人の持つ基盤がどんなものかを示します。若年運を示すとされ、幼少時から青年期までの運勢を表します。また、恋愛運や恋愛傾向にも大きく影響する格です。

③ 人格

姓の最後と名の最初の字画数を足したものが人格です。人格は、姓名の中心部分をなし、人体では心臓に例えられます。そのことからその人の主運をつかさどります。人格は中年期の運について強い影響力を持っています。

④　外格

姓の最初と名の最後の画数の合計を言います。あるいは総格から人格を引いた残りの画数です。これは社会運を表し、外的な環境・周囲の状況をあらわし、友人・知人との社交運や順応性が出ています。また人格のはたらきを助ける重要な役目を担っていて、そのため副運ともいわれています。

⑤　総格

姓名のすべての字画数をプラスしたものです。総体運を表します。また、後年運をも表し、人生の後半の運勢をみることになり、晩年運の良し悪しが判断されます。

## 4、さまざまなタイプの姓名の運格の取り方

姓名にはさまざまなタイプがあります。

二字姓、二字名以外には運格の取り方との関係で、注意すべき点があります。

①　二字姓・二字名の場合

日本人に一番多いタイプです。

②　二字姓・三字名の場合

姓の上の字と名の下の二字の合計が外格となります。

③　三字姓・二字名の場合

姓の上の二字と名の下の字の合計が外格となります。

④　二字姓・一字名の場合

名が一字の場合は、名の下に霊数を加えます。霊数とは、万物起源の数とされる「1」のことです。霊数の画数はもちろん1画です。この霊数を加えて、地格と外格を出します。

⑤　一字姓・二字名の場合

姓の上に霊数を加えて天格と外格を出します。

⑥　一字姓・三字名の場合

姓の上に霊数を加えて天格を出します。外格はこの霊数と名の下の二字を合計した画数です。

⑦　一字姓・一字名の場合

一字姓・一字名の場合は人格のみとなって天格と地格が出ません。姓の上と名の下に霊数を加えます。天格と地格は霊数を加えて出します。外格は霊数のみの画数となります。

以上のように、姓名のどちらかが一字の場合、霊数を加えるのですが、この霊数は総格には加えません。したがって、一字姓・一字名の場合、総格と人格は同じ数になります。

上記の点を注意して、姓名の五大運格の画数を出して下さい。それらの画数により吉凶の判断をしていきます。

## 5、81の数

このように姓名の五大運格の画数を出した後、それぞれの格の吉凶を占います。吉凶判断では、単数すなわち基本の数（1～9）の数9を2つ掛け合わせたもの（9×9）、つまり81までを使います。81より上に行くことは無く、81までいけば、1に回帰します。といっても運格のうち画数の多い総格でもそれほどの数になることはまずありません。

この81の数には、それぞれ数の運勢が秘められています。1から81までの数の画数の吉凶を表示した画数表（図表4－Ⅳ－1）を載せておきますので、五大運格で出た画数をこの表に当てはめて吉凶を判断してください。

この画数表には、大吉とされる画数、吉とされる画数、半吉とされる画数、凶とされる画数があります。この場合、次のことに気を付けて下さい。

① 前述したように天格では判断しません。

②　その画数が五大運格のどの部分にあるかによって判断は異なります。例えば、1は栄達運ですが、それが人生のどの年代で、青年期か、中年期か、あるいは晩年期かによって運勢は変わったものになります。

③　運勢の盛衰は、五行や陰陽や音や生年月日でも変わってきます。本書では紙数の関係で五行以外の説明はしていませんが、他の陰陽や音や生年月日の手法をも組み合わせて総合的な判断をして下さい。

## 6、五行

次に占うのは、五行関係です。五行には、木・火・土・金・水があり、それぞれの間に相剋比関係（相生・相剋・比和）があることはすでに何度も述べたとおりです。五行関係で占うことにより、運格間のバランスをとることを「三才の配置」といいます。

姓名判断で五行を活用するには、姓名の五大運格に表れた数の1の位の数で判断します。単数の1から10（この場合10を0と読みます）が、五大の「木・火・土・金・水」

## 画数表

| | | | | | | | |
|---|---|---|---|---|---|---|---|
| 46 | ●<br>破船 | 55 | ●<br>機会 | 64 | ●<br>沈滞 | 73 | ○<br>天徳 |
| 47 | ○<br>開花 | 56 | ●<br>消極 | 65 | ○<br>福寿 | 74 | ●<br>減退 |
| 48 | ○<br>軍師 | 57 | △<br>再起 | 66 | ●<br>困苦 | 75 | ○<br>慎重 |
| 49 | △<br>変転 | 58 | △<br>再起 | 67 | ○<br>堅実 | 76 | ●<br>破産 |
| 50 | ●<br>衰退 | 59 | ●<br>停滞 | 68 | ○<br>発展 | 77 | △<br>晩年 |
| 51 | ○<br>注意 | 60 | ●<br>暗黒 | 69 | ●<br>不安 | 78 | △<br>変転 |
| 52 | ○<br>功利 | 61 | △<br>強剛 | 70 | ●<br>貧苦 | 79 | △<br>小康 |
| 53 | △<br>表裏 | 62 | ●<br>困難 | 71 | △<br>安泰 | 80 | △<br>空虚 |
| 54 | ●<br>破北 | 63 | △<br>繁栄 | 72 | ●<br>災難 | 81 | ○<br>隆盛 |

図表4-Ⅳ-1　　　　　　画数表

| | | | | | | | | | |
|---|---|---|---|---|---|---|---|---|---|
| 1 | ◎<br>栄達 | 10 | ●<br>不遇 | 19 | ●<br>障害 | 28 | ●<br>遭難 | 37 | ○<br>独立 |
| 2 | ●<br>動揺 | 11 | ◎<br>迎春 | 20 | ●<br>災厄 | 29 | ○<br>知謀 | 38 | △<br>技学 |
| 3 | ○<br>希望 | 12 | ●<br>挫折 | 21 | ◎<br>頭領 | 30 | △<br>波乱 | 39 | ○<br>頭領 |
| 4 | ●<br>困苦 | 13 | ○<br>人気 | 22 | ●<br>薄弱 | 31 | ◎<br>頭領 | 40 | △<br>波乱 |
| 5 | ○<br>福寿 | 14 | ●<br>不如 | 23 | ◎<br>頭領 | 32 | ◎<br>僥倖 | 41 | ◎<br>実力 |
| 6 | ○<br>天徳 | 15 | ○<br>徳望 | 24 | ○<br>興産 | 33 | ○<br>頭領 | 42 | △<br>多芸 |
| 7 | △<br>孤立 | 16 | ◎<br>衆望 | 25 | ○<br>英敏 | 34 | △<br>変転 | 43 | △<br>独立 |
| 8 | ○<br>根気 | 17 | △<br>権威 | 26 | ●<br>波乱 | 35 | △<br>技芸 | 44 | ○<br>遅咲 |
| 9 | ●<br>逆境 | 18 | ○<br>剛毅 | 27 | △<br>孤立 | 36 | △<br>英雄 | 45 | ○<br>順風 |

◎大吉　○吉　△半吉　●凶

のどれに該当するかは具体的には次のようになります。

1の位の数が1または2　木

1の位の数が3または4　火

1の位の数が5または6　土

1の位の数が7または8　金

1の位の数が9または0　水

この場合奇数は陽、偶数は陰となります。

具体的には数の五行表（図表4－Ⅳ－2）に当てはめて判断して下さい。

五大運格のうち五行を使って判断するのは、天格、人格、地格の3つです。この3つの運格に表れた五行を、相生、相剋、比和の関係から観察していきます。

例をあげて説明しましょう。

山本一也（図表4－Ⅳ－3）

図表4-Ⅳ-2　　数の五行表

| 木 | | 火 | | 土 | | 金 | | 水 | |
|---|---|---|---|---|---|---|---|---|---|
| 陽 | 陰 | 陽 | 陰 | 陽 | 陰 | 陽 | 陰 | 陽 | 陰 |
| 1 | 2 | 3 | 4 | 5 | 6 | 7 | 8 | 9 | 10 |
| 11 | 12 | 13 | 14 | 15 | 16 | 17 | 18 | 19 | 20 |
| 21 | 22 | 23 | 24 | 25 | 26 | 27 | 28 | 29 | 30 |
| 31 | 32 | 33 | 34 | 35 | 36 | 37 | 38 | 39 | 40 |
| 41 | 42 | 43 | 44 | 45 | 46 | 47 | 48 | 49 | 50 |
| 51 | 52 | 53 | 54 | 55 | 56 | 57 | 58 | 59 | 60 |
| 61 | 62 | 63 | 64 | 65 | 66 | 67 | 68 | 69 | 70 |
| 71 | 72 | 73 | 74 | 75 | 76 | 77 | 78 | 79 | 80 |
| 81 | | | | | | | | | |

この人の場合は、天格は8で金、人格は6で土、地格は4で火となっています。金と土は相生、土と火も相生の組み合わせです。したがって、この姓名の五行関係は良い組み合わせということが出来ます。

この地格が4ということは、この人はおそらくあまり幸福とはいえない幼少期を送られたのではないでしょうか。人格6、外格が6ですからこの人は人に好かれるタイプで、周りからの引き立てもあり、中年期からの運が向いてきます。しかし総格が12ですから波乱が多く歳月とともにしだいに衰えていきます。その点を認識され、周囲との調和を図り、慎重な生き方をすればせっかくの中年期からの上昇運を維持できるでしょう。

図表4-Ⅳ-3

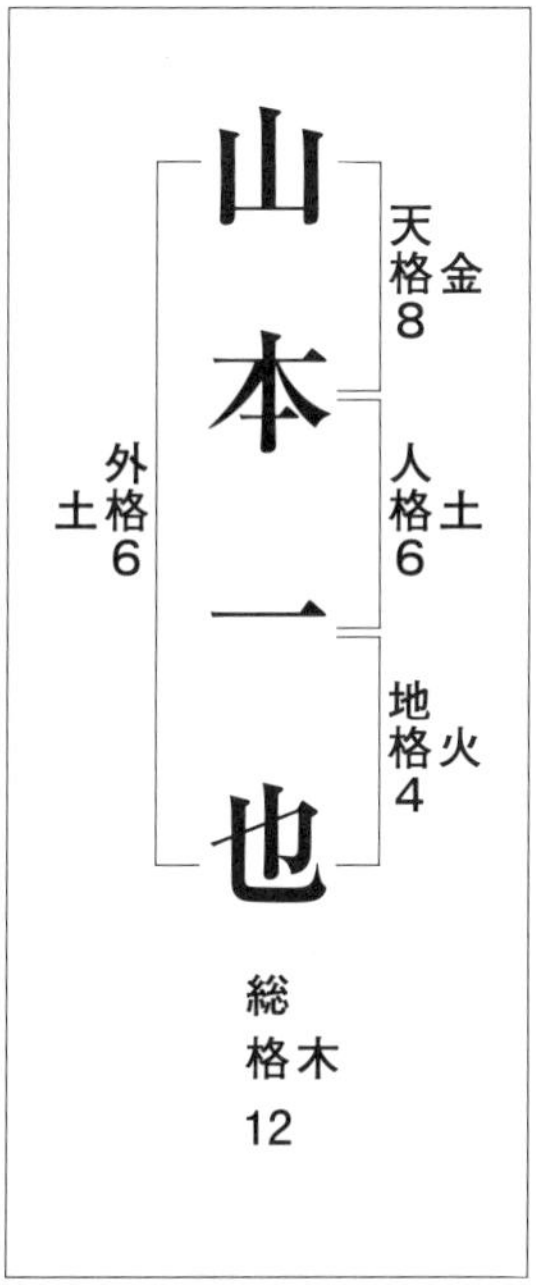

# 第5章　事例

これから、事例を8例あげてみます。

いずれも中小企業の経営者です。なぜ中小企業の経営者ばかり取り上げたかというと、日本では数の上では中小企業が圧倒的多数を占めていること、筆者がこの登場人物達と日常的に接しているからです。といっても、彼らが実在の人物というわけではありません。

この人達が、経営上の問題に直面してどのように行動したか、行動に際して、周囲、ここでは経営コンサルタントのX氏と占い師のY氏に相談し、その助言をどのように生かしたかを述べてあります。

X氏やY氏の助言は、紙面の都合上、簡略なものとなっています。実際の助言は、もっと複雑です。例えば、通常の経営コンサルタントの手法は、準備→調査→診断→調整→勧告→事後指導といった手順を踏みます。コンサルタントが終わるまで何ケ月も掛かることもあります。また、占い師は、通常さまざまな占いの手法を組み合わせて、占断に至ります。事例のように1つの手法で占断することはありません。

その結果、うまくいった事例もあれば、うまくいかなかった事例もあります。うまくいかなかったとしても、彼等はいずれも挑戦する経営者達ばかりです。ここでは事後談である次の挑戦には触れていませんが、今回は失敗に終わっても、これらを教訓にして彼等はめげることなく次のステップに進んでいったと想像して下さい。

## 事例1
## 後継者問題

Hさんは、菓子の卸問屋を営んでいます。20年前、高校卒業後ずっと勤務していた菓子問屋を退職し、独立しました。その後、Hさんは身を粉にして働き、現在では年商10億円、従業員20名の企業にまで育てることが出来ました。

Hさんには成人した二男一女の子供がいます。娘は嫁いでいますが、息子2人が専務として会社で働いています。会社での役割は、長男は経理担当、次男は営業担当です。

Hさんは、昨年内臓の疾患で入院しました。還暦近いHさんはそれ以来めっきり身体の衰えを感じるようになりました。このあたりでそろそろ息子に社長の座を譲ろうと考え始めています。

どのように後継者に譲っていけば良いのか、Hさんは、X氏とY氏に相談をしました。

X氏の意見

菓子市場は、平成7年の売上をピークに減少傾向が続いていて、成熟市場の様相を見せています。(図表5－1)また、菓子メーカーは、総合商社を通じてスーパーやコンビニエンスストアと直接取引をするなど、流通チャネル(前述33ページ)も短くなっています。そのため、かつては一次問屋であったHさんの会社も総合商社の下で二次問屋として生き残らざるを得ない状況になっています(図表5－2)。一方、町のお菓子屋さんが次々に廃業に追いやられています。子供たちがスーパーやコンビニエンスストアでお菓子を買ってお菓子屋さんで買わなくなったからです。Hさんの会社の売上も横ばいです。

営業力が主体の業種であり、これからも営業面に力を入れる必要があり、後継者としては次男が適任と思われます。しかし、それは皮相的な見方であり、Hさんがこれから

**図表5-1　　　　　お菓子の生産と消費**

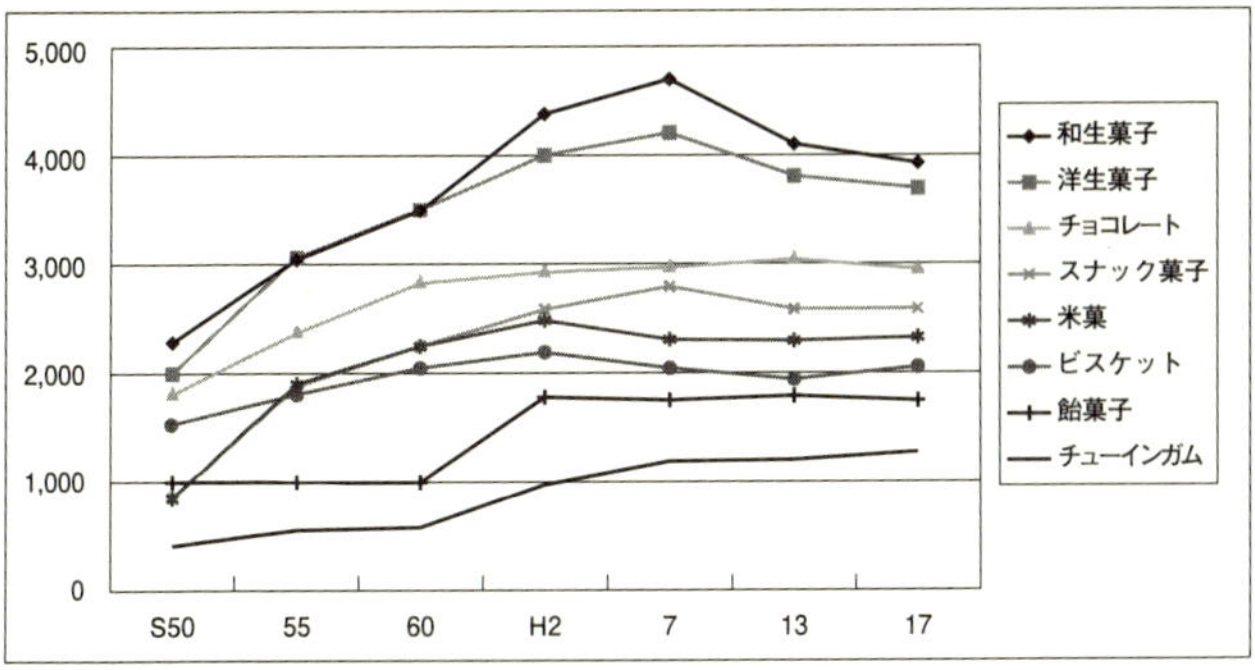


（資料）全日本菓子協会調べ。
全日本菓子工業組合連合会ホームページより。

**図表5-2　菓子卸売業の販売先別市場規模**（単位：億円）

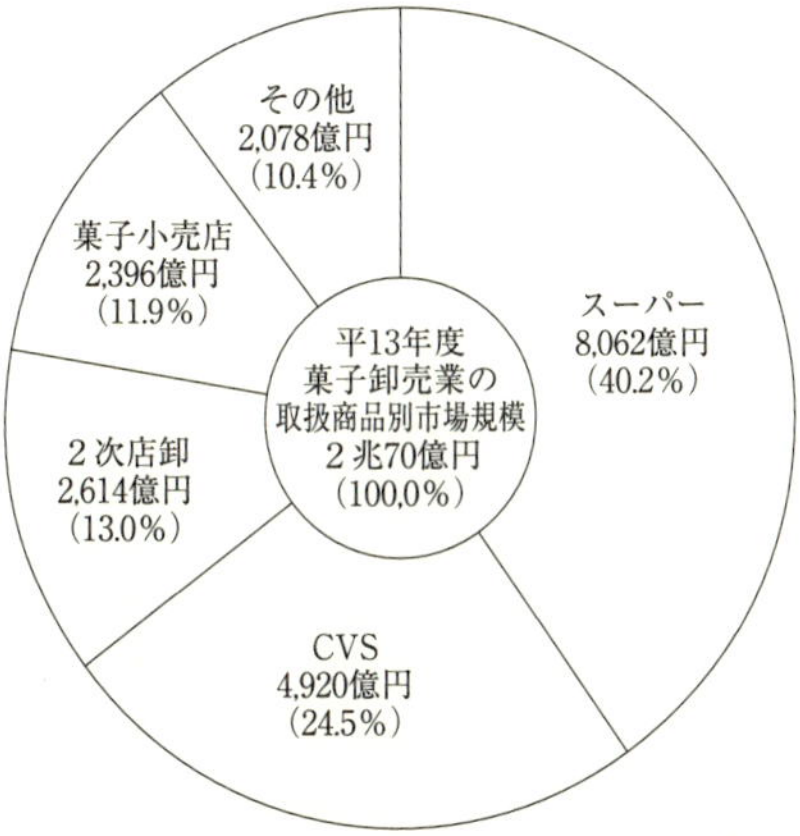


（資料）㈱流通企画「菓子卸売業年鑑（2003年版）」
同社ホームページより。

の菓子業界をどう見ているか、息子さん2人も同じ菓子業界をどう見ているかによります。それにより、H社として何をなすべきかによります。そうなると結論は1つではありません。結論しだいによっては、何も営業能力だけではなくなってきます。例えば、マーチャンダイジング（商品の品揃え）を変更するとか、物流の効率化を図るとか等々です。

結論を申し上げると、この問題に関して我々に出来ることは限られています。息子さんあるいは家族や周囲の人とよく話し合って後継者を決めてください。もちろん、H社の今後についても話し合うべきです。話し合いのための情報提供やその後の助力は我々にできます。

Y氏の意見

Hさんの長男の姓名と画数（カッコの中）は次のとおりです。（図表5－3）

中（4）村（7）佳（8）知（8）

一方、次男の姓名と画数は次のとおりです。（図表5－4）

中（4）村（7）俊（9）吾（7）

次に、姓名の五大運格のうち、どれを使用するかが問題になります。まず、中年期（2人とも三十代）の運について強い影響力を持つ人格は欠かせません。ここでは、人格に加えて、人格の働きを助け、外的な環境・周囲の状況をあらわす外格の2つで占ってみましょう。もちろん、後年運を示す総格でみる方法もあります。2人の中年期にさしかかった年齢からいっても、先天的な運を示す地格は避けたほうが良いでしょう。

まず2人の人格を見てみましょう。人格の15画は、温和な性格で、経理などの堅実な仕事に向きます。16画は、卓抜した眼力を持ち、判断力にも優れています。また、情が厚く彼の周りには自然と人が集まるでしょう。兄弟の会社での役割分担はどのように決まったか分かりませんが、うまく適性を生かした役割分担といえるでしょう。

次に2人の外格をみてみましょう。次男の11画は、行動力抜群で前向きに仕事に取り組みます。この方の前途には洋々たる将来が約束されています。したがって次期後継者には次男の方が向いております。

長男の外格の12画には挫折が出ています。ですから長男の処遇には細心の注意を払っ

図表5-3

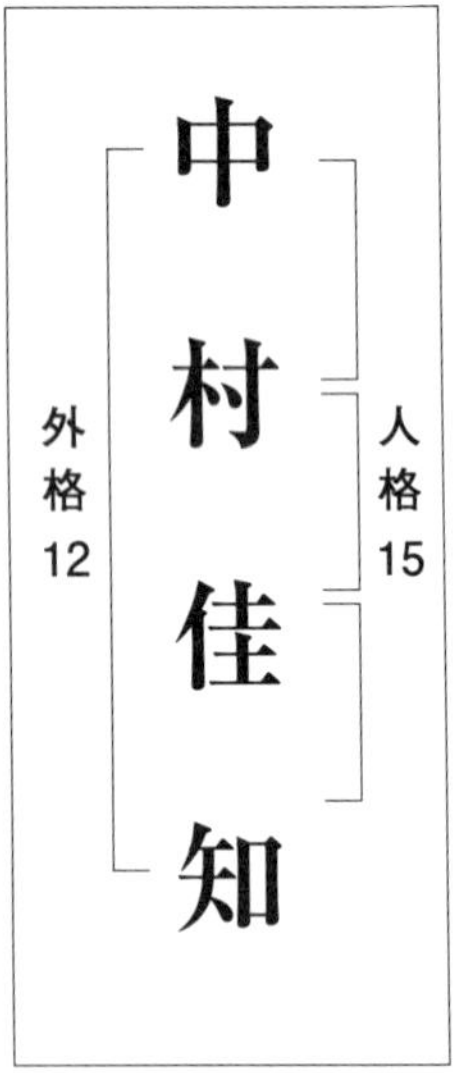
中
村
佳
知
外格
12
人格
15

図表5-4

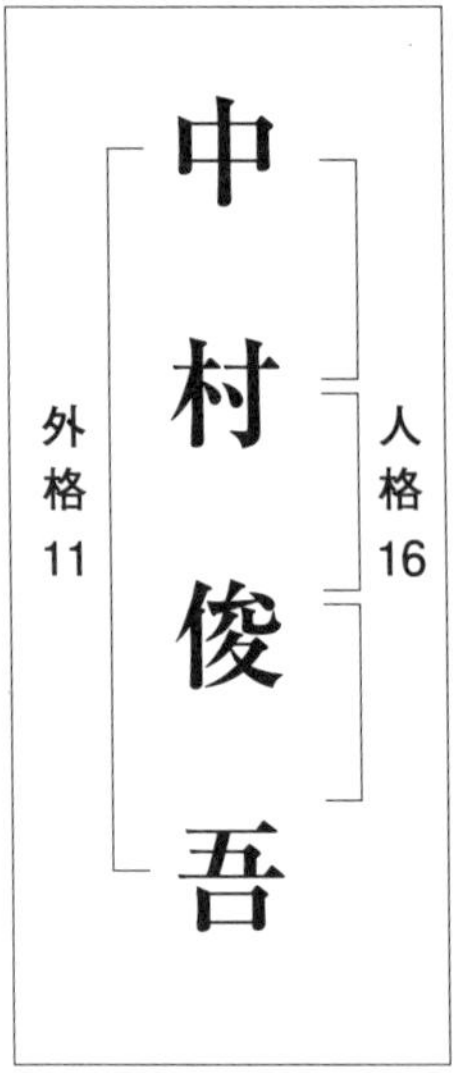
中
村
俊
吾
外格
11
人格
16

てください。処遇を誤ると、長男は大きく人生を狂わせることにもなりかねません。

結論

結局、Hさんは次男を後継者に選びました。Y氏に言われるまでもなくHさんが一番気を遣ったのは長男の反応でした。長男は心の優しい子でした。学校時代の成績も良く、Hさんはこの長男を愛していました。長男はいったんは「H社の将来には次男の営業力が必要」との父親の説得に応じましたが、日に日に気力を喪失していきました。そしてとうとう退社してしまったのです。Hさんががっかりしたことは言うまでもありません。さらに追い討ちをかけるように、会社の売上が落ちていったのです。次男の営業力をもってしても売上は回復しませんでした。原因はわかりません。3年連続で売上が落ちたとき、Hさんは本気で廃業を考えました。

そんなとき、長男が再就職した会社が倒産したのです。Hさんはすぐに長男を会社に復帰させました。会社に復帰した長男の提案で、H社のマーチャンダイジングを見直すことにしました。他社の扱っていない商品を扱うべきだと長男は主張しました。Xコンサルタントの助力を得ながら、外国の菓子を主力商品に取り扱うことにしました。これが好評でした。新しい得意先も増えました。もちろん次男も営業で頑張りました。

他人の飯を食った長男は、見事に生まれかわっていたのです。まして倒産まで経験してすっかりたくましくなっていました。買い付けのため、得意の語学力を生かして、積極的に海外にも出掛けたりもしています。

長男のアイデアと次男の営業力、両方が補い合ってこそ会社の業績は上がっていく、その当たり前のことをHさんは改めて感じました。

もう完全に息子たちに任せても良い、Hさんは、今度こそ本当に第一線を退くことを考えています。

## 事例2
## 新製品開発

Kさんは、ある自動車メーカーの下請会社の社長です。もともと、その自動車メーカーの管理職でしたが、この会社の先代社長の娘と見合い結婚をして、後継者となりました。もう30年も前の話です。義父の亡き後、社長を継いでからでも20年がたちます。

長年下請けをやってきましたが、ここ数年、メーカーの海外生産、自製化、外注先の選別が進み、売上が激減しました。さらにその上、単価を叩かれ、仕事をしても採算が取れないどころか、赤字がかさむばかりです。

Kさんとしては、コスト削減に努めましたが、それにも限界があります。会社をこれからどのようにすれば良いか、社内会議を重ねながら、これまでの下請事業は維持しながら、新製品開発に取り組むことにしました。

開発部を設置し、Xコンサルタントの助言を得ながら、ある新製品（介護関係の機器で、Kさんの会社のこれまでの技術が活用できる）の開発に取り組み、何とか試作品を作ることまでにこぎつけました。とりあえずパテントの方も取っておきました。

Kさんとしては、会社の将来がかかっているこの製品が成功するかしないか、不安が一杯です。Kさんは X 氏と Y 氏にこの点について聞いてみることにしました。

X氏の意見

新製品が成功するかどうか、それを予想するには、まずこの新製品が市場に受け入れられるかどうかの市場調査が必要になります。また、Kさんの会社は、この製品を売るための流通チャネル（前述33ページ）を持ちません。そのため既存のチャネルに食い込めるのか、それとも新しい流通チャネルを開発するのかどうかの決定をしなければなりません。

市場調査は、自分で出来ないこともありませんが、マーケティング会社に頼む方が良いでしょう。なぜなら、新製品を評価するためには介護施設の反応を見る必要があります。そのためには、試作品を提供したり、その結果データを分析する必要があります。人員と時間をかける必要がありますので、外部に頼む方が無難です。

次にチャネルですが、Kさんの会社には営業部がありませんので、直接介護施設に営業するやり方はとらないほうが良いでしょう。大手のメーカーでも、新分野の新製品を既存のチャネルに食い込んで売るのは至難の業です。そこで代理店方式をとることをお奨めします。この方法だと、営業のノウハウをあまり必要としませんし、初期投資も少なくて済みます。

Ｙ氏の意見

私はＸ氏とは別の立場から、大局的な見地に立ってＫさんの挑戦を占筮してみましょう。

占筮の結果、まず出たのは、水澤節（図表５－５）でした。この卦は、上は水の卦で、下は澤の卦です。水かさが増せば、澤の水はあふれ出します。節度や節制の徳を象徴しています。節度を失うとすべてが乱れてきます。ものごとには決まりがあって、その限度を超えないことです。心を引き締め、身の程を知って行動することが大切です。

次の占いに進めてみると、６爻が変化しました。その結果、水澤節は風澤中孚に変化しました。この卦は上が風の卦で、下が澤の卦です。澤の面に風が吹いて、水がさざなみをただよわせております。その意味するところは、誠実さが何より肝要であることをあらわしています。誠実に行っていれば、人はおのずからそれに感ずるものです。

この占筮からは、Ｋさんの挑戦は、節度を守り、誠実に事にあたっていれば、きっと

図表5-5

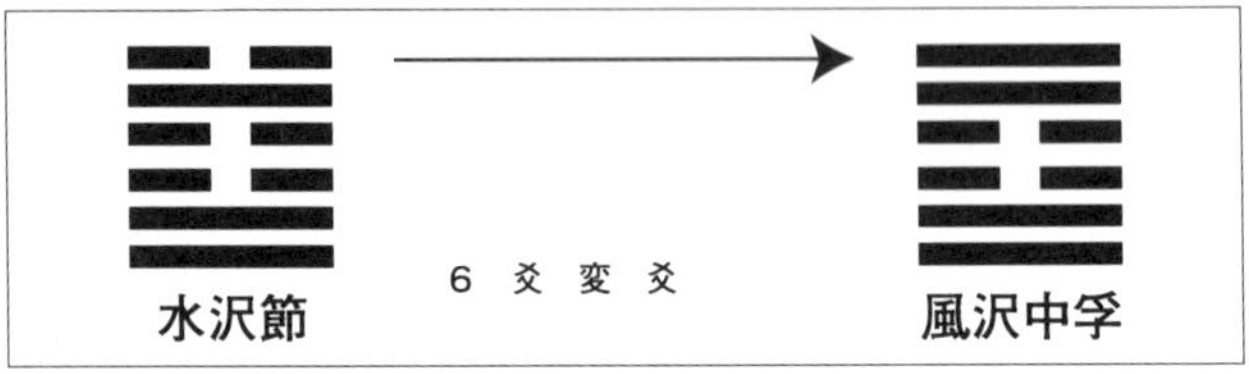

実を結ぶであろうことを示しています。

結論

結局、Ｋさんは試作品を販売することにしました。まずＸ氏に紹介されたマーケティング会社にテスト販売を依頼しました。その結果介護施設等での反応は上々でした。

市場調査でのアンケートで指摘された何ケ所かを改良していよいよ販売です。Ｘ氏のアドバイスもあり、この製品の販売チャネルとして代理店方式をとることにしました。ところが、これがまったく当て外れでした。いざ販売をはじめてみるとぜんぜん売れないのです。会社の倉庫にはあっというまに在庫が山積みになっていきました。

あわてて代理店へのマージンをあげてみたのですが、何の反応もありません。銀行にも借入の追加を頼みました。しかし、どの銀行からも断られました。新製品開発の費用がかさみ、もうすでにＫさんの会社は借入限度額を超えていました。返済能力のない会社に貸す銀行などありません。

倒産の二文字がＫさんの脳裏をよぎりました。とりあえず、工場の生産は中止しました。Kさんはぼう然として夢遊病者のようになりました。1年余りの間会社で何をしていたのかKさんには記憶がありません。

そうこうしているうち、ある大手の介護機器メーカーのA社から自社製品の部品として、Kさんの会社のパテントを使用させてほしいという申し入れがありました。条件としては、Kさんの会社が販売から手を引いてほしい、そのかわり、部品はKさんの会社に発注するというものでした。Kさんはプライドも何もかなぐりすてすぐその話に乗りました。

現在、Kさんの会社はそのA社の下請けです。また下請けに逆戻りですが、自動車メーカーの下請けの頃と違い、今度はKさんの会社の技術を買ってくれたA社に対して一定の発言権ももっています。商品はヒットして、A社の主要製品の1つになっています。おかげでKさんの会社は大忙しです。

この2年余りの騒動を振り返ってみて、Kさんは販売の難しさを痛感しています。

当社と比べた時、A社の販売力ははるかに上でした。営業部の人員も多く、販売マニュアルも豊富な研修を通して社員達に徹底しています。また、失敗した時の二次策、三次策も用意され、代理店方式だけしかとらなかった当社とは大違いでした。

Ｋさんは現在の下請けの立場に決して満足しているわけではありません。いつか、また、高い代償を払ったこの経験を生かして、販売に挑戦してみたいと思っています。

## 事例３
### 新規業種進出

Ｓさんは、創業50年になる呉服の小売店の二代目です。大学卒業後、京都の呉服店で約10年修行をして店を継ぎました。店は下町の最寄り型の商店街（主として生活必需品を扱う店が多い商店街）にあります。その商店街では大学卒の店主は珍しく、Ｓさんは若くして衰退しかかっている商店街の役員を務めたりしました。

しかし、売上の方は和服離れがたたって減少を続けています。店を継いだときの約半分に落ちています。Ｓさんはバッグや宝石などの呉服雑貨を扱ってみたりしましたが、呉服業界の将来も見えてきません。そこでＳさんはまわりにいろいろ相談もし、また自分でも研究して、ブライダル関連業に進出することにしました。
しかし、Sさんは不安でなりません。大学生の2人の息子への仕送りにお金がかかることに加えて、店舗の改装に銀行から借入をして、その返済がまだ何年も続くことです。そこでSさんは、X氏とY氏にこの点について相談することにしました。

X氏の意見
ライフスタイルの洋風化で和服の需要は減少を続けています。（図表5－6）また洋服に比べ高額であることも一層の和服離れをすすめています。
業界としては、現在のファッションの中核である若者にアピールできる和服、例えば洋服と和服の垣根を取り払ったボーダレスなブランドの商品開発がなされれば若者層への市場開拓や拡大が可能になります。
商品開発以外に、呉服店のチェーン展開が考えられます。この業界は粗利益率が高く、ある程度低価格にしても大量販売が出来るなら採算は取れます。市場規模が縮小するなかでも、呉服専門のチェーン店はシェアを伸ばしています。（図表5－7）しかし、

## 図表5-6　きもの小売市場規模の推移（平成13年以降は予測）

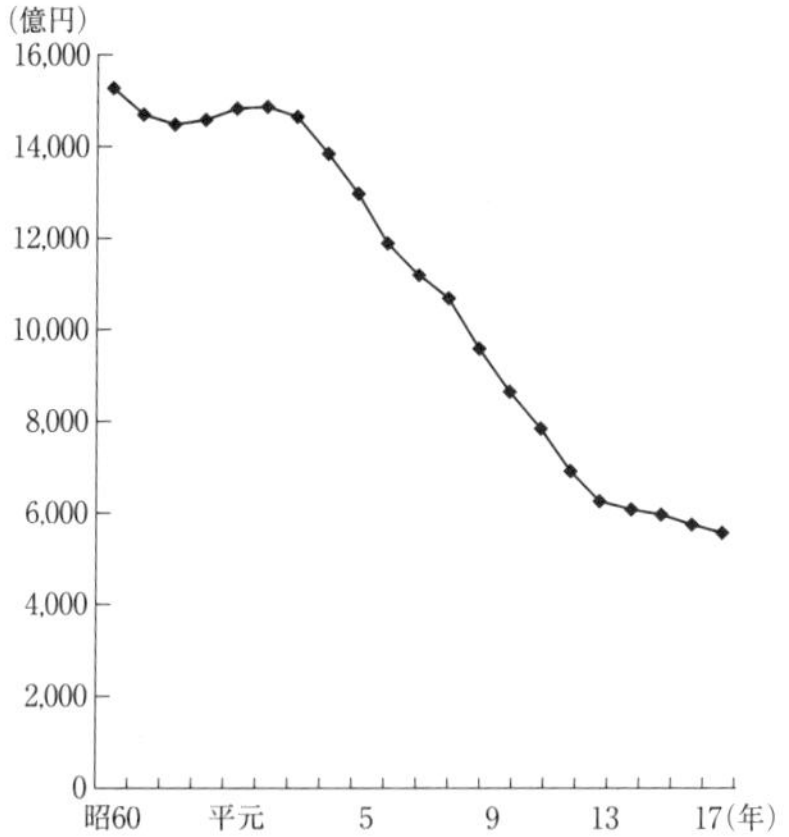


（資料）矢野経済研究所「きもの産業白書（平成14年度版）」より

## 図表5-7　呉服小売市場チャネル別市場規模推移（単位：億円、％）

| チャネル | 年度 | 93 | 94 | 95 | 96 | 97 | 98 | 99 | 2000 |
|---|---|---|---|---|---|---|---|---|---|
| | | 5 | 6 | 7 | 8 | 9 | 10 | 11 | 12 |
| 小売総市場 | 規　模 | 12,992 | 11,948 | 11,240 | 10,705 | 9,588 | 8,753 | 7,877 | 7,010 |
| | 前年比 | 93.3 | 92.0 | 94.1 | 95.2 | 89.6 | 91.3 | 90.0 | 88.9 |
| | シェア | 100.0 | 100.0 | 100.0 | 100.0 | 100.0 | 100.0 | 100.0 | 100.0 |
| 一般呉服店 | 規　模 | 5,672 | 5,146 | 4,750 | 4,518 | 3,700 | 3,080 | 2,650 | 2,350 |
| | 前年比 | 93.3 | 90.7 | 92.3 | 95.1 | 81.9 | 83.2 | 86.0 | 88.9 |
| | シェア | 43.7 | 43.1 | 42.3 | 42.2 | 38.6 | 35.4 | 33.6 | 33.6 |
| チェーン専門店 | 規　模 | 3,274 | 3,074 | 2,935 | 2,826 | 2,864 | 2,800 | 2,650 | 2,500 |
| | 前年比 | 93.3 | 93.9 | 95.5 | 96.3 | 101.3 | 97.8 | 94.6 | 88.9 |
| | シェア | 25.2 | 25.7 | 26.1 | 26.4 | 29.9 | 32.0 | 33.6 | 35.7 |
| 訪通催事販売 | 規　模 | 1,495 | 1,392 | 1,320 | 1,242 | 1,110 | 1,026 | 900 | 850 |
| | 前年比 | 93.3 | 93.1 | 94.8 | 94.1 | 89.4 | 92.4 | 87.7 | 88.9 |
| | シェア | 11.5 | 11.7 | 11.7 | 11.6 | 11.6 | 11.7 | 11.4 | 12.1 |
| 百　貨　店 | 規　模 | 1,867 | 1,721 | 1,610 | 1,542 | 1,392 | 1,344 | 1,200 | 950 |
| | 前年比 | 93.3 | 92.0 | 93.6 | 95.8 | 90.3 | 96.6 | 89.3 | 88.9 |
| | シェア | 14.4 | 14.4 | 14.3 | 14.4 | 14.5 | 15.4 | 15.2 | 13.6 |
| 量販・総合衣料店 | 規　模 | 476 | 426 | 440 | 417 | 381 | 355 | 277 | 150 |
| | 前年比 | 93.3 | 89.5 | 103.3 | 94.8 | 91.4 | 93.2 | 78.0 | 88.9 |
| | シェア | 3.7 | 3.6 | 3.9 | 3.9 | 4.0 | 4.1 | 3.5 | 2.1 |
| 直　販　他 | 規　模 | 208 | 189 | 185 | 161 | 139 | 150 | 200 | 200 |
| | 前年比 | 93.3 | 90.9 | 97.9 | 87.0 | 86.3 | 108.0 | 133.0 | 88.9 |
| | シェア | 1.6 | 1.6 | 1.6 | 1.5 | 1.4 | 1.7 | 2.5 | 2.9 |

（資料）矢野経済研究所「きもの産業白書（平成14年）」より

この手法をとるなら、経営資源を集中して一気に多店舗展開をすべきで、それができないなら中途半端に終わる可能性があります。

Sさんが、自社の経営資源や自分の年齢を考慮してそのどちらも不可能と見て、ブライダル関連業に進出しようとするのは評価すべき選択です。ただ、この進出に当たって、従来の和服とのシナジー効果（相乗効果）がどれほどあるか疑問です。最近は結婚式においても、和服が着られることが少なくなりました。そこで和服とのシナジー効果はあまり期待せず、ブライダル・コンサルタント業を主にしてはどうでしょうか。この業種はまだ市民権を得ているとは言えません。しかし、結婚は少子化のなかでも誰でも通る人生のイベントです。結婚式場などのマニュアルどおりの「式」ではなく、若い2人の旅立ちとして個性的なイベントを演出出来れば支持を得ることも可能でしょう。

Y氏の意見

新規事業案の検討はX氏にお任せするとして、少し視点を変えて、Sさんが勝負に打って出るべきかどうかの占断をしてみましょう。

このＳさんの勝負の是非を念頭に置きながら、立筮してみました。上卦には乾が出ました。下卦には坤が出ました。結果は天地比となりました。（図表５－８）天地比は、上に天の卦があり、下に地の卦があります。天の陽の気と地の陰の気が交わらず、上下の和合も生成もありません。象意は、「八方ふさがり」を意味しております。すべて行き詰まりで、事がはかどりません。正統な意見も通らず、努力しても認められず、苦労の多い時期です。このような時は、短気を起こして自暴自棄になっていては、さらに深みにはまります。このような時の最良の策は、辛抱強く時期を待つことです。

次に大成卦のどの爻が変化するかを知るため立筮を続けます。その結果、２爻が変化して天水訟があらわれました。（図表５－８）

天水訟は、上が天の卦で下が水の卦です。天は上に、水は下にその行くところがまったく反しております。そこに離反があり、この卦は人の争いを象徴しています。人が社会生活をしておりますと、そこにはいろいろな争いがあります。しかし、その争いには多くの場合原因があることですから、争いの原因を観察し、自分で反省すべきところは

図表5-8

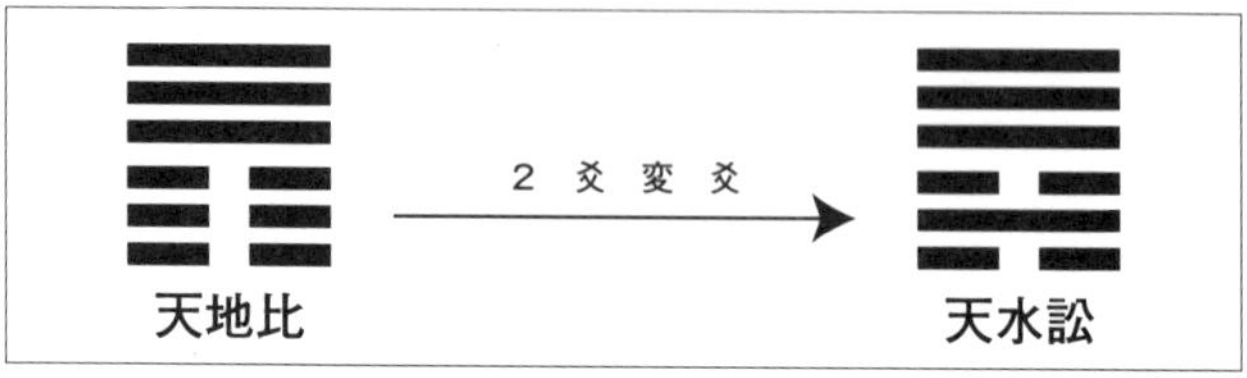

反省し、早急に争いをやめることが肝要です。

## 結論

結局Sさんはブライダル・コンサルタント業に進出することにしました。Sさんにそのような決断をさせたのは、何とか店の現状を打破しなければならないと思ったのと、大学に行っている2人の息子のうち次男の方が父の店を継ぎたいといったからでした。次男には自分のような苦労をさせたくないと、大手企業や公務員のような安定した職業に就いたほうが良いのでは説得したのですが、次男はどうしても商売をやりたいといいます。それなら次男のためにも、もう一頑張り頑張りたいと決断したのです。Y氏の占いは占いとして、やれるだけやって結果は自分が引き受けようと思いました。

しかし、それからが大変でした。

Sさんは、まず、つてを頼ってホテルの出入り業者になりました。結婚式というとホテルが主流ですし、そこで結婚式のノウハウを学ぶためです。そのために、多額の加入金を支払いました。そのお金は銀行からの借入です。

その頃、X氏から、全国的にチェーン展開している大手の結婚式場チェーンB社の代理店への加盟を勧められました。Sさんは加盟することにしましたが、その加入金も銀行からの借入金で払いました。

ところが、これが原因でホテルへの出入りを断られたのです。加入金は没収されました。銀行からの借入金は残ったままです。二重三重の借入で、いつの間にかSさんの銀行からの借入金は大きな金額になっていました。この件で、Sさんはホテルを相手に訴訟を起こし、現在も訴訟は続いています。結果的にY氏の占いどおりになってしまいました。

ホテルと取引停止されたSさんは、呉服店のかたわらその結婚式場の代理店を始めました。次男は大学を卒業するとその大手の結婚式場チェーンB社に就職しました。代理店というのは、要するに結婚式の注文をとる仕事です。なかなか取れない注文に苦労しながら、Sさんは何度も自分の選択を後悔しました。その間にも呉服店の売上は落ちていきました。

Sさんに大きな転機が訪れたのは、3年経ってB社を退社した次男が帰ってきてからでした。帰った次男は、すぐに結婚式場を経営したいといいました。それも、手作りの結婚式のできる式場です。Ｓさんにしても、代理店の悲哀を味わって、結婚式場を持つことは何度も考えたことがあります。しかし、それには大きな投資が必要でした。まだまだ借入金も残っています。

しかし、Ｓさんは次男の夢にかけることにしました。次男が、Ｂ社に勤めながら、構想したシナリオです。父親の苦労を横目に見ながら、次男は次男なりに一生懸命考えたのでしょう。

Ｓさんは、相続で手に入れていた土地を売って、資本をつくりました。海のすぐそばにその小さくてかわいらしい結婚式場はできました。この結婚式場では、主役はカップルです。式場側は極力裏方に回ることにしました。そのため、料金は低廉に設定しました。これが当たったのです。扉を開けると庭の向こうに海が広がるロケーションと格安の料金、手づくりの結婚式を望む若いカップルの予約がひきもきりません。

Ｓさんは、ここに来るまでの長かった年月を思い出しながら、やっと自分の選択の間違っていなかったことを確信していました。

## 事例4
## 従業員モチベーション・アップ

Dさんは、学習塾のチェーン展開をしています。大学を卒業後、東南アジアなどの放浪の旅を経験した後、高校で教師をしました。しかし、校則ずくめの教育現場に嫌気がさして、退職して塾を開きました。理想の教育を目指して塾を開いたのですが、10年ぐらい経つうちにDさんは次第に「経営」に目ざめていきました。そこで塾のチェーン展開を始めたのです。現在では、30校ほどで、地場では最大の学習塾チェーンとなっています。

目下Dさんの一番の悩みは、社員である教師のモチベーションの問題です。教師であるだけに学歴的には高学歴でそれも有名大学出身者が多いのですが、屈折した履歴や性格の持ち主が多く、いつも社内にはトラブルが絶えません。

そこでDさんは、X氏とY氏に相談をしました。

X氏の意見

社員の管理の方法には、３種類の方法があるといわれています。専制型、民主型、放任型です。専制型は、権限をリーダーに集中し、一方的に部下に命令を下して率いていく型です。民主型は、集団の意思決定の過程に部下を参加させ、部下の創造性を促進し、問題に対する理解を深め、組織への一体感を増加させ、結果的にモラールや生産性の向上をめざす型です。最近良く聞く「経営参加」がこれにあたります。放任型は、部下の行動に何の制限も加えることなく、部下の思うままに自由に行動させる型です。さまざまな実験の結果、一番業績の上がるのは民主型だといわれています。教師のような高学歴の社員に対する管理は民主型が良いでしょう。

A・H・マズローは、欲求段階説で、人間の欲求を5段階に分けています。（図表５－９）生理的欲求から始まり、安全欲求、所属と愛情の欲求、尊敬と自尊の欲求、最後に自己実現の欲求をあげています。生理的欲求は、食事、休息、運動、睡眠のような生物的欲求です。安全欲求は、危険から身を守るという欲求です。所属と愛情の欲求は、集団や社会に帰属し、そこで愛情や友情を得たいという欲求です。尊敬と自尊の欲求

図表5-9　　　　　　A.H.マスローの欲求５段階説

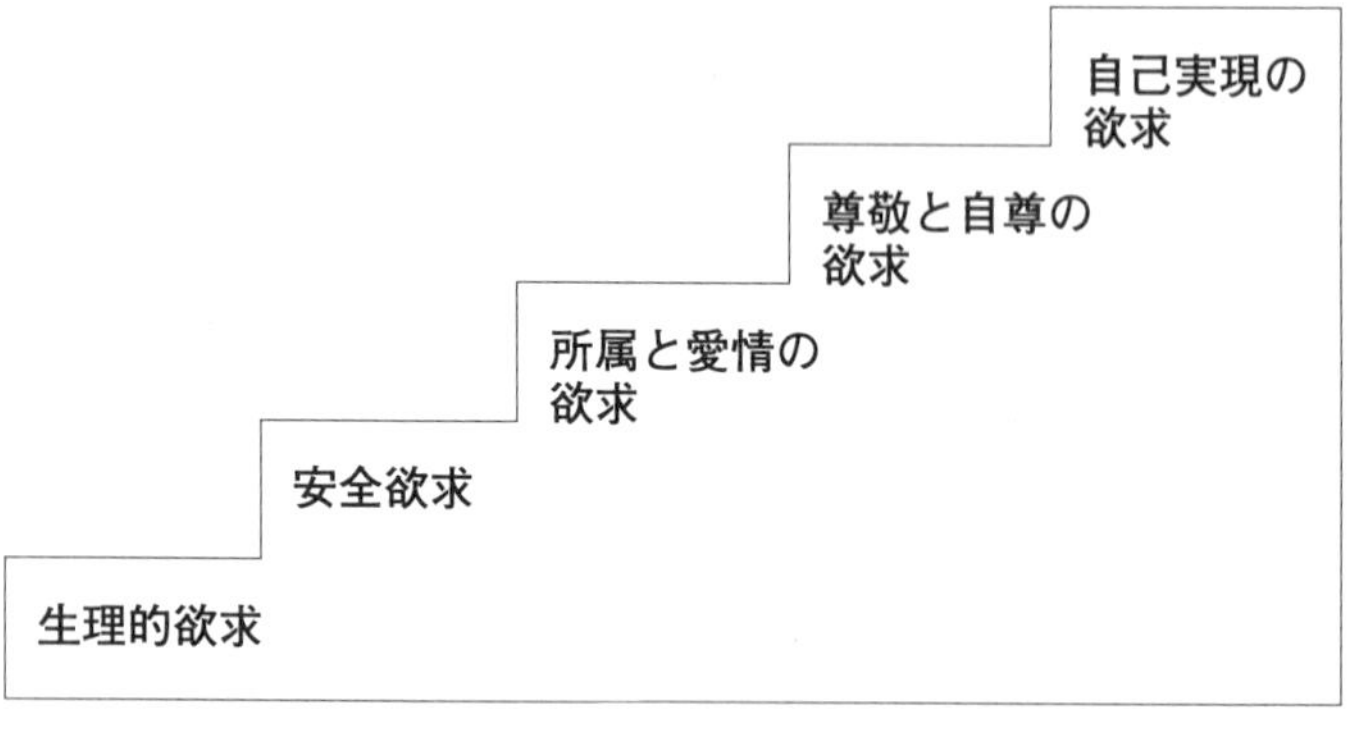

は、他の人から尊敬されたい、自分が他人より優れていると認識したいという欲求です。最後の自己実現の欲求は自己の向上、能力の向上とその実現を望む欲求です。高学歴の社員には、自己実現の欲求を満たしてあげるのが良いかと思います。

例えば、チェーンの1校の経営をほとんど独立採算に近い形で任せてみてはどうでしょう。その方法の1つに、事業部制があります。事業部制とは、企業の一部を分化して事業部とし、それぞれの事業部があたかも独立した企業のように運営される組織形態をいいます。事業部制では、事業部長はその事業部門では、単に営業のみでなく、財務や労務等にいたる広範な権限が委譲されます。その代わり、その事業部門の売上や利益の業績に一定の責任を負うことになります。

Y氏の意見

X氏のアドバイスにしたがって、チェーン各校を独立採算にする場合、それにふさわしい人を校長にする必要があります。挑戦することが好きで、結果を出すためには創意努力するタイプの人物です。かといって好き放題やられても困ります。学習塾の理念を

図表5-10　　　　　九星の基本的性格

| | |
|---|---|
| 一白水星 | 外柔内剛、柔軟性、順応性 |
| 二黒土星 | 真面目、堅実、誠実 |
| 三碧木星 | 好奇心旺盛、行動力、先見性 |
| 四緑木星 | 従順、温厚、社交性 |
| 五黄土星 | 統率力、波乱万丈、豪放 |
| 六白金星 | 几帳面、活動的、独断専行 |
| 七赤金星 | 金銭運、社交性、豊富な人脈 |
| 八白土星 | 頑固、強い精神力、大器晩成 |
| 九紫火星 | 感受性、美的感覚、直観力 |

理解し、理念に沿った各校の経営をする人でないといけません。

Ｄさんの生年月日は、昭和28年4月8日生まれです。Ｄさんの本命星は二黒土星です。（図表４－Ⅰ－４　本命表　98ページ）相生となるのは、九紫火星、六白金星、七赤金星です。Ｄさんはこの本命星の人と相性が良いといえます。

二黒土星を本命星にもつＤさんは、意外にも、まじめで堅実な性格です。（図表５－10）人前で愛想を振りまいたりお世辞を言うことが苦手で、社交上手とはいえません。いまや立派な事業家である現在のＤさんからは想像もつかないのですが、おそらく、Ｄさんの周りに補佐役を立派にこなす人材がおられるのではないでしょうか。もし、それが事実なら、Ｄさん自身の例にならって、対照的な性格な人を組み合わせて、人材登用するのも一案かと思います。

結論

Ｙ氏の指摘通り、Ｄさんは大学は理学部出身で、高校教師時代は物理学を教えていました。Ｙ氏の指摘どおり、何事によらず几帳面で、すじみちが通っていないと気が済まない性格です。そんなDさんが、どうして積極的に学習塾のチェーン展開が出来たのか、そこにもY氏の指摘どおりナンバー2のSさんの存在が大きく影響しています。

Sさんは塾の講師時代はあまり目立たない存在でしたが、校長として任されたB校で、塾生を10倍に増やしてから頭角をあらわしました。その後、本部勤務に抜擢され、D塾のチェーン展開はSさんの貢献なしには実現しませんでした。DさんもSさんに絶大の信頼を寄せています。

X氏の助言に従って、Dさんは各校ごとの事業部制をとることにしました。その責任者には、DさんはSさんとコンビを組んで成功した経験を生かして、2人ずつ専任することにしました。その際、それぞれ、できるだけ対照的な性格の2人を選びました。給料は、基本給のほか、利益の一部を還元する業績給をとり入れました。

このようなやりかたで、成功した学校と成功しなかった学校があります。2人の責任者の組み合わせがうまくいった学校の業績は好調でした。そうでない組み合わせでは、学校の業績もふるわず、責任者同士の仲が険悪になりました。なかには、責任者のどちらか一方、または双方が辞めてしまったこともありました。

しかし、Dさんは何も手をつけないよりは良かったと思っています。社員に経営の重要な部分を移行させることができましたし、そのなかから第二のSさんが生まれる可能性が期待できます。また、そのことによりDさんに時間的な余裕ができました。成功した側面を生かしつつ、Dさんはさらなる改革をすすめる気でいます。

## 事例5
## 支店設置

Mさんは、ケーキの製造・販売の店を経営しています。Mさんは、大手メーカーの技術者でしたが、40歳の時、脱サラをしました。かねてからケーキ店を開くのが夢だったのです。そこで、1年余り洋菓子の店で修行して、自宅を改良して店を開きました。

遅い出発でしたが、持ち前の熱心さで、今では近隣ではMさんの店のケーキに対するファンも多く、地域での有名店の1つになっています。口の肥えた高級住宅街の住民に合わせた高級品志向が、支持された理由でした。

ところで、Mさんに支店設置の話がもたらされました。閉店したケーキ店の跡で、立地はMさんの店と同じ高級住宅地です。設備もほとんどそのまま使えるため、投資額は少なくて済みそうです。

一見願ってもない話のようですが、職人気質のMさんは2つも店を経営することなど考えたこともなく決断が付きません。そこで、MさんはX氏とY氏に相談しました。

X氏の意見

1店舗だけの経営か、チェーン展開するか、その経営判断は微妙なところです。結局は、経営者の理念や資質の問題になります。職人気質のMさんには1店舗経営の方が向いているのかもしれません。しかし、もう1店舗増やすとして、もとの店舗とあわせて2店舗であり、それがそのままチェーン展開になるとは言えず、条件の良い話ならのってみても良いかと思われます。件の店舗は、高級住宅地に立地し、Mさんのこれまでの高級品中心のケーキ作りの技術も生かすことができます。

単独店と違いチェーン展開する場合、システムという考え方が必要になってきます。

システム化にあたっては、店舗、接客、労務、財務等すべてにわたってマニュアル化することが必要になってきます。そのマニュアルをチェーン展開する店舗に徹底させます。そのためには定期的に社員教育が必要になります。商品は、工場において集中生産することが多くなります。これらにより、チェーン店では、同一の外装や内装の店舗で同一の商品、同一のサービスを提供できるわけです。たとえ2店舗だけであっても、このシステム化の考え方は必要です。

Y氏の意見

Mさんの生年月日は昭和25年9月7日です。本命星は、本命表によると（図表4－I－4　98ページ）五黄土星となっています。五黄土星が相生であるのは、六白金星、七赤金星、九紫火星です。月命星は、月命表（図表5－11）によると四緑木星ですから相生は一白水星、九紫火星です。

本命星・月命星に共通なのは九紫火星です。平成20年の年盤表（図表4－I－6　98ページ）によると、平成20年においては、九紫火星は、東南に位置しています。したが

図表5-11

## 昭和25年の月命表

| 月 | 月命星 |
|---|---|
| ２月 | 二黒土星 |
| ３月 | 一白水星 |
| ４月 | 九紫火星 |
| ５月 | 八白土星 |
| ６月 | 七赤金星 |
| ７月 | 六白金星 |
| ８月 | 五黄土星 |
| ９月 | 四緑木星 |
| 10月 | 三碧木星 |
| 11月 | 二黒土星 |
| 12月 | 一白水星 |
| １月 | 九紫火星 |

って、東南がMさんにとって吉方位となります。話に出ている店舗は、現店舗から見て東南に位置していますので、吉方位ということができます。

平成20年の月盤表（図表4－Ⅰ－7　100ページ）によると、九紫火星が東南に会座するのは9月です。したがって店舗を借りるには9月が一番良い月となります。

結論

Y氏の意見もあり、Mさんはその店舗を借りることにしました。

新店舗でケーキを製造・販売するにつき、Mさんには少し勘違いがありました。それまでその店では中級程度のケーキを売っていました。その理由は、高級住宅地といっても、新興住宅地で、歴史が古く名士も多く住むMさんの住宅地とは違っていました。X氏にも顧客の質の違いを指摘されていました。

しかし、Mさんはあくまで自分好みにこだわりました。結局高級店のイメージを強調した店舗改装などで、当初予算以上に投資がかさみました。

店長には、現在の店の主任をあてました。彼は近々独立する予定であり、そのための勉強も兼ねて任せてみることにしました。もちろん、菓子作りのコンセプトは弟子の頃からMさんに叩き込まれていました。

華々しく開業しましたが、売上は低迷しました。しかしMさんはあまり気にしませんでした。経験からいって自分の作るケーキが地域に浸透するには時間がかかると思ったからです。

売上はいつまでたっても伸びませんでした。そのうち、店長が、新しいケーキを作って売り始めました。派手なデコレーションの極度に甘みの多いケーキでした。価格も安く設定してありました。それまでのMさんの店のケーキは年配の客層に合わせて、甘さを抑えてありました。スタイルもどちらかというとスタンダードでした。

売上が伸びないのには寛大だったMさんでしたが、このケーキには激怒しました。Mさんの軽蔑する中級品に見えたからです。店長は退職してしまいました。退職した店長は、若者の多く集まるファッションストリートで、自分のケーキを売るケーキ店を開きました。店長のケーキは若者たちを中心に行列ができるほどの大人気となり、マスコミにもしばしば取り上げられました。Mさんは自分が古い時代の人間であること、ケーキ業界にも新しい波が押し寄せていることを感じずにはいられませんでした。

それからは、3人ほど他の店からスカウトしては店長に据えたのですが長続きしません。最後の3人目にはつかいこみまでされてしまいました。何ヶ月もたって発覚するようなありさまでお金の管理のルーズさを露呈してしまいました。開店から2年経って、Mさんは新しい店の撤退を決心しました。その間にも負債が膨れ上がっていました。

この2年をふりかえって、Mさんは自分が職人で経営者の器では無いことを思い知らされました。借金を返していくのは苦しいけれども、自分は職人としてもとの店で自分のケーキ作りに専念していこうと思っています。さいわい、Mさんのこだわりケーキは固定客を中心に今でも良く売れています。

## 事例6
### 土地取得

Hさんは、土木業を営んでいます。父の代からの土木業で、主に道路工事を扱っています。バブルの頃には、売上も上がり、従業員も30人余りいましたが、このところの公共工事の削減で、売上も減少に次ぐ減少で従業員も大幅に減らしました。

そんな時、Hさんの会社の立地する産業団地の隣地のHさんの会社と同業の土木会社が倒産し、その土地が売りに出されました。当然Hさんにも話が持ち込まれましたが、会社も苦境の時であり、Hさんは断り続けています。

またその頃、知人の会社から、Hさんに新たな事業の連携の話が持ち込まれました。建設現場から排出される廃棄物処理業務です。この知人は、すでに廃棄物処理業務を始めていて、次のステップとしてHさんとの連携を求めてきたのです。この事業のためには、単に材料を置けるだけのスペースの土地では足りません。今までとは比較にならないくらいの広い土地が必要になります。隣地を買収すれば十分な広さの土地となります。迷ったHさんは、X氏とY氏に相談しました。

X氏の意見
土地の取得は巨額な資金が必要になります。したがって、土地への投資は、慎重に行うべきです。一昔前でしたら、土地を担保にして銀行からの借入が可能になるとか、売却することにより売却益というキャピタルゲインを得ることができたかもしれません。土地価格が低迷して土地取引が不活発な現在そんなことは期待できません。

しかし、投機目的ではなく、新事業を展開するためにはこの土地が必要と判断される場合には、別な視点から是非を判断する必要があります。

まずその新事業にとって、この土地が必要かどうかが問題です。必要となると、土地を借りる場合と購入する場合の比較をすることになります。購入しない場合、土地を借りるため地代が必要になります。購入する場合、銀行から借入をして毎月元利合計の返済をすることになります。地代と元利合計との比較、それが利益や資金に及ぼす影響等々の検討が必要です。

この土地は、同業者の倒産で売りに出された土地であり、相場よりかなり安く、一般的には買い得ではあります。

Y氏の意見

この土地は、海を埋め立てて造成したもので、地盤が軟弱で沈下を起こしている箇所もあります。そのため、台風の季節には何度も海水の冠水騒ぎが起きています。土地全体にエネルギーが少なく、土地の気を受けることも少ないでしょう。

また、埋め立て計画が発表された際、漁場の無くなる漁民による反対運動が長く続いて完成が遅れた経緯があります。もっとも完成して20年以上経過しており、そのことはあまり気にする必要は無いでしょう。

やはり地盤沈下している土地であるということが気になります。また、倒産して手離される土地であることも感心できません。同業者の無念の思いが土地にこもっています。

綿密な計画に基づいて作られた流通団地だけに、この団地の土地はどれも正方形や長方形で、気の流れも安定していて、風水に沿ったものです。また、購入を検討している土地は、西南の角地であることも吉相です。ただ、南側の道路の向こう側に産業廃棄物処理場があるため、一日中騒がしいのが気になります。

総合的にいってこの土地を買うことはおすすめできません。

結論

結局Ｈさんは隣接地を取得することにしました。Ｙ氏の意見は、住宅地ならともかく、事業地ではあまり気にする必要はないように思えました。住み勝手より、事業者が集積している産業団地に立地するメリットの方がはるかに大きいと思えたからです。

ところが土地を取得してまもなく話を持ってきた知人が交通事故で急死したのです。知人の会社は廃業することになりました。Ｈさんは、単独で話を進めるか、それとも、計画そのものを白紙撤回するかの決断を迫られました。Ｈさんは前者を選びました。土地も取得したことですし、本業の方もどうにかしなければなりませんでしたし、ならこの乗りかかった船に乗って、現状を打開したいと思ったからです。

Ｘ氏の指導のもと、新しい事業はスタートしました。仕事の方はすぐに入ってきました。なぜなら廃業した知人の会社の社員を何人かスカウトしたからです。彼らが会社の顧客をそのまま連れてきました。問題はノウハウでした。Ｈさんや Ｈさんの会社の社員にとって廃棄物処理は初めて経験する仕事でみんな一から覚えなければなりませんでした。スカウトした社員のやることをみようみまねで覚えながら、1つずつマスターしていきました。何回かのトラブルを経験しながら、徐々に新事業は軌道に乗り始めました。

そのうち、Hさんは回収した廃棄物のうち、再使用できそうな消耗品をいくらか手を加えて売ることを思いつきました。それまでは分別するとすぐ目の前の処理場に持ち込んだりメーカーに売っていました。それを加工して土木や建設業者に売るのです。パネルやパイプ等の消耗品ですので、何も新品である必要はありません。価格が破格であることもあってこれが当たりました。

二代目で、さしたる決心も無く親の事業を継いだHさんにとって、今回の新事業への挑戦は初めての経験でした。滑り出しは上々といったところですが、Hさんはさらに次の挑戦を目指しています。大型の自動分別機を設置し、さまざまなリサイクル事業を計画しています。そうなれば目の前の処理場とのさらなるタイアップも可能です。この業界はまだまだ未知の分野の残った業界です。自分の事業を通して、地域の環境問題に貢献したい、Hさんはそう願っています。

## 事例7
## 新社屋建設

　Ｆさんは、ある地方都市で出版社を経営しています。若い頃、文学青年であったＦさんは、文学系の出版社を経営しようと脱サラして出版社を設立しました。しかし、出版業界は、典型的な東京一極集中型の業界です。間もなく行き詰まり、またサラリーマンに戻った時期もありました。しかし、夢を捨てきれず再びこの業界で再出発しました。その時、文学からは決別して、求人や不動産の情報誌、あるいは企業に経営情報を提供する情報誌に方向転換しました。このような分野は大ヒットすることは無いにしても、安定した需要が見込める分野です。それからは、経営の方も安定してきました。

　Ｆさんは、現在新社屋を建設することを考えています。幸い父から相続した土地がありましたので、必要な資金は建設資金だけです。Ｆさんは、新社屋をＩＴビルとしたい構想を持っています。ＩＴ化により、デザインや編集の業務の能率が向上し、これまで外注していた業務を一部内製化することも出来ます。しかし、そのためには多額の資金を必要とします。挫折や営々とした努力で今日の地位を築いてきたFさんはなかなか決断することが出来ません。売上が10億円を超えたら、従業員が20名を超えたら、とか逡巡するばかりです。

そこで、FさんはX氏とY氏に相談しました。

X氏の意見

設備投資の当否を判断する方法には次の方法があります。

①、利益額法

設備投資から得られる利益額（投資利益額）の大小で投資を判断する方法です。投資利益額は、投資収入額（キャッシュフローと残存価額を足したもの）から設備投資額を差し引いた額で計算されます。この投資利益額が大きい設備投資が選択されます。

キャッシュフローは、営業利益額に減価償却費を加算したものです。単なる会社の利益ではなく現金流入額のことです。残存価額は、設備を使い終わった際のスクラップの額のことです。具体的な算式は図表のようになります。（図表5－12①）

②、投資利益率（利回り）法

投資利益率を算出し、その投資利益率の大小によって投資を判断する方法です。投資率は、投資収入額を投資額で割り込んで求めます。具体的な算式は図表のようになります。（図表５－12②）

この①と②は、現在価値という考え方を採用していません。設備投資計算の正確性は、現在価値という考え方を取り入れることによって、正確になります。

例えば、１０００万円でも、現在の１０００万円と10年後の１０００万円とでは同じではありません。10年の間に利子がつくからです。10年後の１０００万円を期間と利子率で割り込んだのが現在価値です。期間と利子率にもよりますが、１０００万円よりはかなり少ない額になります。

このように、設備投資計算は、仮定の数値で計算する必要があります。特に現在価値という考え方を取り入れると一層複雑になります。今ではそのためのソフトもありますが、専門家に依頼するほうが良いでしょう。

図表5-12

| 設備投資の計算式 | |
| --- | --- |
| ① | 利益額法<br>投資利益額＝投資収入額－投資額<br>投資収入額＝キャッシュフロー＋残存価額 |
| ② | 投資利益率（利回り）法<br>投資利益率＝投資収入額／投資額×100（%） |

Ｙ氏の意見

新社屋の敷地について、変形の土地であることが気になります。市の中心地にある土地にはこのような土地が多いのです。敷地を有効に使うという観点からは、敷地いっぱいの建物を建てがちですが、敷地の張りの部分に張りのある建物、敷地の欠けの部分に欠けのある建物、は感心しません。非効率でも、張りも欠けもない建物を建てるのが良いでしょう。その上で、敷地の張りや欠けの部分には樹木や草花を植えてください。

結論

結局、Ｆさんは新社屋を建設することにしました。友人の建築士の設計した本社ビルは斬新なデザインで、世間の注目を集めました。

新社屋は多くのメリットを会社にもたらしました。

まず、事業の拠点ができたことです。それまで必要に応じて借りて、あちこちに分散していたオフィスが１つになったメリットです。このメリットにより、一気にＩＴ化を実現することができました。このために業務の効率化を図ることができました。

また、取引先や金融機関などに対する信用度が増しましたし、市の中心部に位置しているため社員も募集しやすくなりました。

新社屋建設にあたり、Fさんがどうしても作りたかったものがありました。それはホールです。最上階にホールを設けて、さまざまな文化団体に貸し出したかったのです。いわば、文学青年であったFさんのこだわりでもありました。市の中心部に位置し、しかも低廉とあって、現在ホールは予約待ちの状態が続いています。ただし、採算はまったくとれていません。

もちろん、メリットばかりではありません。いつの間にか、借入金が大きく膨らんでいました。この際、あれもこれもと欲張って建てているうちに、いつの間にかこのような多額の借入額になっていたのです。その返済額は従来の家賃額よりはるかに多額になりました。

しかし、Fさんはあまりめげていません。Fさんには夢がありました。盛況を続けているホールや出版社の入っているこのビルをこの町の文化の拠点の1つにしたいという夢です。ここから地方文化を発信したいのです。そのためこんな借金などもののかずではない、そう考えると自然に力のわいてくるFさんでした。

## 事例８
## 社名変更

Tさんは、地方の小都市でスーパーマーケットを経営しています。それまでの八百屋からスーパー形態に業態転換してすでに20年が経ちます。現在は５店舗体制です。現在の業態になる前の八百屋の経験を生かして主として生鮮食品を取り扱っています。大型スーパーの攻勢が激しいのですが、野菜をはじめとする生鮮食品の品揃えでは大型スーパーには負けない自信があります。

しかし、ここに至るまでには、ご多分にもれずさまざまな紆余曲折がありました。最盛期には店舗数も10店舗を数えましたが、スクラップ・アンド・ビルド（店舗の閉店・開店）を繰り返し、現在の５店舗体制になってやや小康状態です。

先日の役員会議で、役員の１人が社名変更を提案しました。実はTさんのスーパーマーケットは、八百屋時代の屋号のまま（Tさんの本名　高田清三から　八百清）です。確かに古いといえば古いのですが、Tさんには愛着があります。しかし、同業者のスーパーマーケットはほとんどカタカナです。

そこでTさんは、X氏とY氏に相談を持ちかけました。

X氏の意見

最近はやや下火になりましたが、まだまだ企業名をカタカナにする企業は多くあります。この一連の動きをコーポレート・アイデンティティ（CI）と言います。

Tさんの店の場合、旧社名から来るイメージはやはり少し古風です。それで社名変更することは良いのですが、CIの本来の意味について考えていただきたいのです。

本来、CIとは、日本訳にしますと企業イメージの統一という意味です。経営理念を視覚的手段によって訴求して、より良い企業イメージを形成することです。視覚的手段には、社名はもちろんロゴや商標などがあります。そういう風にいうと、外部を意識した行動のようにみえますが決してそれだけではありません。本来CIが目指すものは経営の刷新です。

その手順としては次のようになります。

まず企業には経営理念が最初にあります。そのもともとやや抽象的な経営理念を、視覚的手段によって明確化することがまず第一です。そして、それを外部にアピールすると同時に、企業内部に再浸透させることが必要です。企業の事業や風土、文化さらに構成全員の意識まで経営理念の観点から再検討してみることが必要です。外部へアピールする経営理念と企業内部での経営理念に基づいた行動を再統一することこそが、ＣＩの真の目的なのです。

このように経営を刷新することによって、初めてカタカナ名の企業イメージを内外にアピールできます。

Ｙ氏の意見

姓名判断を社名に応用する場合、いくつかのきまりがあります。

①　株式会社や有限会社は含めません。

② 社名の中にある、カタカナ、ひらがなは漢字と同じように画数を数えます。
③ 姓名のように五大運格はつかいません。会社の社会的側面を重視して、ストレートに画数の意味で判断します。
④ 吉数であるとされる画数は、1、3、5、6、8と、その系列数です。
このような点を注意しながら、社名を変更されると良いでしょう。

結論

現社名に愛着を感じていたTさんでしたが、社名変更の提案を受け入れることにしました。その理由は、これからのスーパー経営にはなんらかの多角化が必要と考えたからです。やはり、生鮮食品一本やりでは、早晩売上が停滞するだろうと予想されました。大型スーパーに太刀打ちできる品揃えの柱をあと何本か持つ必要があります。その具体的な計画もあります。そのとき、現在の社名では、扱う商品とマッチしません。

そこで、Y氏から提案されたいくつかの候補作の中から、「スーパー　タカセイ」を選択しました。選択の理由は、新社名の一番最後の「セイ」が気に入ったことでした。

社名変更は受け入れるにしても、Tさんには譲れないものが1つありました。これまでTさんの商売のモットーは「誠実」でした。「お客様にとって最良の商品を安い価格でお届けする、たとえ当店が損をすることがあってもこの方針を貫く、お客様に絶対にうそをつかない」です。これは理念とも言ってよいものでした。いくらカタカナといっても、この誠実さが感じられる社名を選択しました。「タカセイ」ですと「セイ」が最後についています。おまけに自分の名前の一部も含んでいます。（図表5－13）

**図表5-13**

| |
|---|
| スーパータカセイ |
| 総格 16 |

# あとがき

10年ほど昔のことです。知り合いの占い師からこんな話を聞いたことがあります。この地方では著名な企業の幹部が、新事業をおこす前には、必ずその占い師のもとを訪れ、成功・不成功を占ってもらうというのです。

そのころ私は経営学の勉強をしていましたので、これ程の地場の上場企業なら、新事業をおこす前に必ず綿密なリサーチや計画を立てているはずなのにと不思議に思ったものです。この話は妙に気になり、後年私が占いを研究する伏線になったのかもしれません。

占いを研究しながら、この本の構想をいだきました。経営学と占いの合体、自分の能力を超えているかもしれませんが、面白いテーマだと思いました。

私はいわゆるプロの占い師ではありません。自分自身占いを本当に心の底から信じているのかどうかも分かりません。しかし、昔から占いは大衆のそばにありました。ものは試しです。「当たるも八卦、当たらぬも八卦」、そんな軽い気持ちで将来を占ってみてはどうでしょう。天と交信していた時代の先人達の知恵に触れてみるのも良いことです。

原稿を書き上げるのに、2年の年数を要しました。はじめての経験で戸惑うことばかりでした。不慣れな私のため、いろいろな方が手を差し伸べて下さいました。溪水社の木村逸司社長(木村社長には、私の妻の「揺れる境界線」の出版の際にもお世話になりました。)、ウエハラ印刷の上原高徳社長等々、皆様に紙面を借りてお礼を申し上げます。

また多忙な社会保険労務士業務のかたわら、編集や校正作業に時間を割いてくれた私の妻に感謝の気持ちを捧げます。妻の理解と助力がなければおそらくこの本は日の目を見ることはなかったでしょう。

この本は、私と妻の、いや妻と私の合作の本です。

## 著者プロフィール

中学卒業後、さまざまな職業を転々とする。いわゆるゴーリキーの「私の大学」に入学。勉強を続けいまだに卒業をしていない。昭和51年、税理士試験合格。広島市南区で税理士事務所を開業。中小企業の経営支援に従事。かたわら占いに興味を持ち、「易経」を中心に研究を行う。

中国税理士会会員。㈳日本易学連合会認定鑑定士（繁昌の雅号を授与される）。

住 所　〒734-0002
　　　　広島市南区西旭町20－6
TEL　082-254-3575
FAX　082-253-2204
E-メール　morita11@orange.ocn.ne.jp
URL　http://taxman.blog.ocn.ne.jp
　　　　ブログ（広島はぐれ税理士）

ビジネスに活かす占いの知恵

平成19年9月20日　発行

著　者　森田　繁昌（はんじょう）

発行所　株式会社溪水社
　　　　広島市中区小町1－4（〒730－0041）
　　　　電　話（082）246－7909
　　　　ＦＡＸ（082）246－7876
　　　　E－メール info@keisui.co.jp
　　　　ＵＲＬ http://www.keisui.co.jp

印刷所　ウエハラ印刷株式会社

ISBN978-4-87440-982-4 C0034